차별을 딛고 꿈꾸는 아이들

조선학교 이야기

차별을 딛고 꿈꾸는 아이들
조선학교 이야기

초판 1쇄 발행 2014년 9월 25일
초판 3쇄 발행 2017년 11월 30일

기   획 | 지구촌동포연대(KIN)
         '고교무상화제도'로부터 조선학교 배제에 반대하는 연락회
발행인 | 윤관백
발행처 | 선인

디자인 | 박애리
영   업 | 이주하

등   록 | 제5-77호(1998.11.4)
주   소 | 서울시 마포구 마포동 324-1 곳마루 B/D 1층
전   화 | 02)718-6252/6257
팩   스 | 02)718-6253
E-mail | sunin72@chol.com

정가 10,000원
ISBN 978-89-5933-757-6 03300

· 잘못된 책은 바꿔 드립니다.

차별을 딛고 꿈꾸는 아이들

조선학교 이야기

지구촌동포연대(KIN) 엮음

도서출판 선인

▎들어가며

다시, 조선학교

본격적으로 한국생활을 시작하던 10년 전, 조선학교를 졸업했다는 내게 누군가는 "한국으로 넘어와 줘서 고맙다"는 말을 하였다. 흔히 '조총련 학교'로 불렸던 오랜 시절을 생각하면 조선학교 출신자들을 있는 그대로 인정할 수 없었던 것은 어쩔 수 없는 일이었을지 모른다.

그 후 10년 사이에 한국 사회와 조선학교는 이전과 비교가 안될 만큼 가까워졌다. 학교 땅을 둘러싸고 도쿄도지사와 한판 싸움을 하고 있던 에다가와조선학교에 대한 지원모금운동은 언론을 통해 급속히 확산되었고 홋카이도조선학교의 사소하면서도 찐한 일상을 애정 있게 찍은 다큐멘터리 영화 「우리학교」도 기억에 새롭다. 또 2011년 일본 대지진 이후 후쿠시마조선학교를 지원하는 문화운동도 진행중이다. 올해 2014년에는 오사카조선학교 럭비 선수들의 모습을 담은 「60만 번의 트라이」가 전주영화제 무비꼴라쥬상을 받았다.

이 비약적인 교류와 연대를 이끈 것은 활동가와 언론인, 연구자들의 자기 성찰과 통일에 대한 소박한 꿈, 그리고 이에 말 없이 동참한 무수의 시민들이다. 조선학교를 둘러싼 활동들을 접하면서 나는 한국 사회의 평범한 시민들이 갖는 도덕과 양심을 봤다.

그런데 2014년 현재, 왜 다시 '조선학교'인가? 지금 이 지점에서 조선학교 문제를 조명하는 것에 무슨 의미가 있는가. 다시 질문하자면, 우리는 조선학교에 대해 정말 제대로 알고 있는가? 대학에서 학생들에게 가끔씩 조선학교에 관한 내용을 가르치거나 영상물을 보이기도 한다. 학생들 감상문을 보니 대체적으로 호응은 뜨거운데 흔히 다음과 같은 반응을 볼 수 있다.

"아이들의 순수함이 너무 좋다. 그런데 북한식 교육을 받고 있어 안타깝다. 학생들 절반 이상이 한국적이라는데 하루빨리 한국정부가 그들을 책임져야 한다". 조선학교를 '조총련 학교'라며 기피했던 시절과 비교해 보면 이런 반응은 건전하다고 해야 할 것인가?

민주화 이후 자란 세대에게 조선학교는 좋든 싫든 새롭고 낯선 곳이다. 조선학교를 일종의 대안학교 정도로 생각하는 경향도 있다. 하지만 두말할 것 없이 조선학교는 오랫동안 이북과의 긴밀한 관계 속에서 유지되어 왔으며 이는 숨길 수도, 숨길 필요도 없는 사실이다. 재일조선인들이 왜 그런 역사를 걸어왔는가. 우리가 오랫동안 만나지 못했던 역사, 즉 우리 안에 있는 불편한 진실에 대한 고민이 필요한 시기에 서 있다. 탈─분단 시대라 불린 지 10년 남짓한 시간이 지난 현재, 우리는 분단을 극복하기 위한 걸음을 천천히, 그러나 착실하게 다시 시작해야 한다.

이 책은 몇 명의 활동가들이 이와 같은 문제의식을 공유하는 과정에서 기획되었다. 조선학교에 대해 조금이라도 관심을 가진 보통의 시민들이 언제든지 쉽게 손에 쥘 수 있는, 조선학교에 관한 필요한 정보를 담은 아담한 책을 만들자. 검색창을 통해 쉽게 찾을 수 있는 그런 접근성 높은 책을 만들자. 실지로 원고를 모아 보니 집필자들의 열정이 우리의 애초의 기획을 훨씬 뛰어넘었다. 덕분에 알찬 내용을 담은 책이 완성되었다.

집필진은 대부분 현재 일본에서 활동하는 재일조선인과 일본인 전문가들로 구성되었다. Q&A 부분은 일본의 「고교무상화제도'로부터 조선학교 배제에 반대하는 연락회」 하세가와 가즈오(長谷川和夫) 대표와 다나카 히로시(田中宏) 히토츠바시대학 명예교수를 비롯한 김동학, 김우기, 김정인, 김향청, 김현일, 문시홍, 송혜숙, 량영성, 장혜순, 모리모토 다카코(森本孝子), 치지 켄타(千地健太)가 집필하였다. 또 '조선학교의 역사와 현황' 부분은 사노 미치오(佐野通夫)가 담당하였다. 각 집필자들의 직함을 일일이 밝히지 않는 이유는 그들의 활동 영역이 광범위하고 다양하기 때문이다. 조선학교뿐만 아니라, 재일조선인을 비롯한 일본의 외국인/다문화 문제 각계 전문가들이 이 책의 공동기획과 집필을 맡아 준 것은 너무나 큰 행운이었다. 이 자리를 빌려 경의와 감사의 뜻을 전달하고 싶다.

그리고 자칫하면 딱딱하게 될 수도 있었던 책 내용을 깊은 통찰과 감수성으로 채워준 리명옥 씨와 신가미 씨, 구량옥 변호사, 재일조선인들과 한국 사회의 만남의 가능성을 열어 준 건국대 김진환 박사와 '몽당연필' 권해효 씨께도 깊은 감사를 표한다. 그들이 던지는 주옥같은 말들이 몇 번이고 독자들의 가슴을 울릴 것이라 믿는다. KIN 식구인 윤병호 작가는 재일조선인들의 경험을 만화로 재현해 책의 재미를 한층 살려 주었다. 원고를 꼼꼼히 읽고 점검해준 KIN 배덕호 대표와 모든 일본어 원고를 번역하고 제반 작업을 주도적으로 진행해준 KIN 배지원의 노고에도 고마움을 전하고 싶다. 마지막으로 준비가 부족한 조건에서도 출판을 흔쾌히 허락해 주신 선인 출판사 여러분들께 깊이 감사드린다.

2014년 9월
지구촌동포연대(KIN)/ 성공회대 동아시아연구소
조 경 희

차 례

2부 〈삽화로 보는 조선학교〉 **나와 조선학교** _ 윤병호 · 52

3부 〈에세이로 읽는 조선학교〉 **조선학교 이야기**

하 나

리명옥 · 윤영란 작사 / 윤영란 작곡

내가 태어난 때부터
사랑하는 조국은 둘이었네
슬픈 역사가 이 땅을 갈라도
마음은 서로 찾았네 불렀네
볼을 비빌까 껴안을까
꿈결에 설레만 가는 우리
처음 보아도 낯익은 얼굴아
가슴에 맺힌 이 아픔 다 녹이자

어린 꿈 속에 그려본
사랑하는 조국은 하나였네
오랜 세월에 목이 다 말라도
마음은 서로 눈물로 적셨네
볼을 비빌까 껴안을까

반가와 이야기 나눈 우리
처음 보아도 낯익은 얼굴아
이 땅에 스민 이 눈물 다 알리자
함께 춤추자 함께 춤추자
이 기쁨을 누구에게 보일까
이 노래를 이 춤을 희망을
내일의 우리에게

하나로 되자 하나로 되자
이 기쁨을 누구에게 전할까
이 노래를 이 춤을 희망을
내일의 우리에게

1부

조선학교 바로알기

저자 _ 「'고교무상화제도'로부터 조선학교 배제에 반대하는 연락회」와 함께 하는 분들께서 써 주셨습니다.
김동학, 김우기, 김정인, 김향청, 김현일, 문시홍, 송혜숙, 량영성, 장혜순, 다나카 히로시(田中宏)
모리모토 다카코(森本孝子), 치지 켄타(千地健太), 하세가와 카즈오(長谷川和男)

번역 _ 배지원

1. 이국땅에서 민족학교를 설립하는 것은 매우 어려운 일이었을 텐데요. 언제, 어떻게 설립되었는지요? | 2. 조선학교에서 '조선'이라는 이름이 갖는 의미는 무엇인가요? | 3. 조선학교는 전국에 몇 개나 있나요? 학생들은 얼마나 되는지요? 국적도 알고 싶습니다. | 4. 아이들의 민족교육을 받을 권리를 위해 많은 힘겨운 투쟁이 있었다고 들었습니다. 역사적으로 대표적인 사건을 소개해 주세요. | 5. 조선학교가 지금까지 걸어오면서 겪었던 장애들로는 어떤 것들이 있었는지요? | 6. 고등학교 학생들의 수업료를 국가에서 지원해 주는 '고교 무상화' 제도의 대상에서 조선학교 10개교만이 제외되었습니다. 왜 이러한 차별을 하는 것인지요? | 7. 일본 시민들은 조선학교를 어떻게 바라보고 있는지요? | 8. 유엔에서는 이러한 조선학교 차별 문제에 대해 어떠한 권고를 해왔는지요? 이에 대해 일본 정부는 어떤 반응을 보였는지 궁금합니다. | 9. 조선학교에 대한 차별에 대해 학교와 학생들은 어떻게 대항하여 왔는지요? | 10. 일본 학교에 아이들을 보내면 수업료도 저렴하고, 차별받지 않고 생활할 수 있는 것 같습니다. 부모님들은 어떤 심정으로 아이들을 조선학교에 보내고 있는지 궁금합니다. | 11. 조선학교를 북한의 학교로 보고 조선학교 출신자는 한국이나 일본의 국익을 해칠 수 있다고 생각하는 사람들이 일부 있는 것 같습니다. 이런 인식에 대해 어떻게 생각하면 좋을까요? | 12. 이북과 조선학교는 어떤 역사적 관계가 있는지 알고 싶습니다. 지금까지 한국과는 아무런 교류도 없었는지요? | 13. 약 10년 전, 토지를 빼앗으려 한 도쿄도에 의해 존폐 위기에 처했던 조선학교를 돕자는 캠페인을 TV 뉴스로 접한 적이 있습니다. 이 학교는 지금 어떻게 되었는지요? | 14. 남과 북 그리고 일본 세 나라 사이에서 '경계인'으로 살아야 했던 아이들은 자연스럽게 통일에 대한 바람과 꿈을 키워 왔을 것 같습니다. 아이들의 그러한 소망을 엿볼 수 있는 것들에는 무엇이 있을까요? | 15. 조선학교에 다니는 학생들은 한국에 대해서 어떤 이미지, 어떤 생각을 갖고 있는지요? | 16. 조선학교에 다니는 학생들은 성적 경쟁이 심한가요? 한국의 학생들처럼 방과 후에 주로 학원에 가는지요? 방학 동안에는 어떻게 지내는지요? | 17. 고급학교 졸업 후 주로 어떤 직업을 갖고 사회에 진출하는지 궁금합니다. 조선학교 출신자 중 유명 인사는 어떤 사람들이 있는지요? | 18. 여러 악조건과 편향된 시각 속에서도, 민족교육을 지켜왔다는 사실이 정말 놀랍습니다. 이러한 사례가 역사적으로, 세계적으로 또 있는지 궁금합니다.

01
Q&A
이국땅에서 민족학교를 설립하는 것은 매우 어려운 일이었을 텐데요. 언제, 어떻게 설립되었는지요?

일제가 패전하고 조선이 식민지 지배에서 해방되자 재일조선인은 가장 먼저 빼앗겼던 우리말을 되찾기 위해 빈곤에 허덕이면서도 돈을 모으고 있는 힘과 지혜를 짜내 일본 각지에 '국어 강습소'를 세웠습니다. 이 국어 강습소가 조선학교의 뿌리입니다. 당시 한반도는 미소 분할통치 아래 있어 재일조선인들은 본국으로부터 국가적 지원을 전혀 기대할 수 없는 상황이었습니다. 일본 정부 역시 식민지 지배로 빼앗았던 민족성의 원상회복이라는 국가적 의무를 다하려는 자세는 없었습니다.

이와 같은 어려운 여건 속에서 그야말로 재일조선인들은 아이들에게 민족의 언어와 문화, 역사 그리고 혼을 계승하려는 일념으로 스스로의 힘에만 의지해 '지혜 있는 자는 지혜를, 돈이 있는 자는 돈을, 힘이 있는 자는 힘을'이라는 슬로건을 내걸고 '국어 강습소'를 설립하였고, 점차 국어, 산수, 이과, 사회 등 보통교육에서 요구되는 교과목을 겸비한 학교로 발전시켜갔습니다. 이렇게 피와 땀으로 일군 학교는 전국적으로 늘어나 1946년 가을에는 500교를 넘기에 이르렀습니다.

재일조선인들은 스스로의 힘으로 학교를 세워갔다.
시가조선초급학교를 건설하는 재일조선인들

우토로의 조선학교

02 Q&A ▶ 조선학교에서 '조선'이라는 이름이 갖는 의미는 무엇인가요?

조선학교에서는 학교 이름에서뿐만 아니라 조선민족, 조선인, 조선어, 조선반도라는 표현을 사용합니다. 자민족을 일컫는 총칭으로서 '조선'이라는 표현을 쓰고 있는 것입니다. 덧붙이자면, 일본사회에서도 한민족, 한반도라는 표현은 정착되어 있지 않습니다. 조선반도라는 말이 일반적으로 사용되지요. 한국에서는 '조선'이라는 말이 그다지 사용되고 있지 않은 것같지만, '조선일보'나 광주에 있는 '조선대학교'에서 사용되는 것처럼 '조선'은 본래 우리 민족의 총칭으로 사용되어 왔습니다. 조선학교의 역사는 해방 직후 즉, 한반도에서 남과 북 각각의 국가 수립이 선언된 1948년 이전에 시작되었습니다. 재일조선인들이 자민족의 총칭으로서 '조선'이라는 명칭을 사용하기 시작해 지금에 이르고 있는 것입니다.

03
Q&A ▶ 조선학교는 전국에 몇 개나 있나요? 학생들은 얼마나 되는지요? 국적도 알고 싶습니다.

조선학교는 현재 유치원 38교, 초급부 53교, 중급부 33교, 고급부 10교, 대학교가 1교 있습니다. 병설 학교가 많아 소재지를 기준으로 세어 보면 북쪽의 홋카이도부터 남쪽의 큐슈까지 일본 전국에 64개 교를 헤아립니다.

학생 수는 약 8천 명입니다. 국적은 국제결혼을 한 재일조선인의 자제도 재학하고 있어 일본국적자가 수 퍼센트 있고, 외국적자 학생들도 소수지만 있습니다. 대부분은 한국적과 조선적입니다. 최근에는 한국적자가 조선적자보다 많은 학교가 증가해 가고 있는 것 같습니다.

그런데, 국적을 들여다보면 좀 복잡한 부분을 발견하게 됩니다. '일본' 국적이라고 해도 부모 한쪽이 일본적이고 다른 한쪽이 민족 국적(한국적이거나 조선적)인 경우, 일본에서는 한국과 마찬가지로 만 22세까지는 이중국적이 인정되기 때문에 예를 들어

'일본'적으로 학교에 등록되어 있어도 실제로는 한국적도 함께 가지고 있는 경우가 적지 않습니다.

또한 '조선', '한국'이라는 것도 어디까지나 일본 정부가 외국인 등록상에 쓰는 표기로 '조선'적이라는 것은 조선민주주의인민공화국의 국적을 의미하는 것이 아니라 식민지 지배하의 한반도 출신자와 그 자손을 외국인으로 등록할 때, 그 출신지를 표시하기 위한 총칭으로 사용되어 왔습니다.

한편, '한국'적은 1950년 한국 정부의 요구로 인정되기 시작했는데, 당초에는 '조선'적과 마찬가지로 국적의 의미는 없는 것으로 일본 정부는 설명해 왔습니다. 이 '한국'적은 1965년의 한일국교정상화를 계기로 지명을 나타내는 표기가 아닌 국적으로 취급되기 시작했고, 이러한 복잡한 경위 속에서 당초 모두 '조선'적이었던 재일조선인 중에는 차츰 '한국'적을 지니게 된 사람들이 증가했습니다.

여기서 하나 짚고 넘어가야 할 것은 어느 나라든지 개개인에 대해 마음대로 타국의 국적을 부여할 수 없는 것이 당연한 이치입니다. 어느 나라든지 어디까지나 자국의 국적을 부여함으로써 자국민으로 삼는 것이 가능할 뿐입니다. 일본 정부가 재일조선인의 국적에 대해서 당신은 "북이다, 남이다"라고 일방적으로 결정할 권리는 없는 것이지요.

그런데 대한민국의 법령도 조선민주주의인민공화국의 법령도 모두 재일조선인을 자국민으로 규정하고 있습니다. 이는 재일조선인이 양쪽의 국적을 갖고 있다는 것으로도 풀이됩니다.

이해하기 어려운 이야기로 들릴 수 있을 텐데요. 일본에는 물리적인 38도선은 존재하지 않습니다. 또한 조선학교는 한반도에 뿌리를 가지는 사람이라면 학생들의 국적 표시와 상관없이 입학을 수용하고 있습니다. 그리고 무엇보다 많은 재일조선인 아이들에게 있어서 조선학교는 민족교육을 받을 수 있는 유일한 학교입니다. 조선학교에 다니는 학생들의 국적 표시가 다양한 배경에는 이러한 사정이 있습니다.

김태일 소년 초상

김태일 소년의 장례식

04
Q&A
아이들의 민족교육을 받을 권리를 위해 많은 힘겨운 투쟁이 있었 다고 들었습니다. 역사적으로 대표적인 사건을 소개해 주세요.

식민지 지배로 빼앗긴 민족교육과 문화를 되찾고 '자신이 누군인지를 가르쳐 주는' (다큐멘터리 영화 「우리학교」 김명준 감독의 나레이션 중) 조선학교는 그 탄생에서 오늘날까지 수많은 수난을 헤쳐 왔습니다. 특히, 1948년에는 학교들을 폐교시키기 위한 무력 진압이 자행되었고, 재일조선인 민족교육의 역사에서 최대 사건으로 기록되는 '4 · 24 민족교육 투쟁'이 있었습니다. 일본 정부와 당시 일본을 점령 통치하고 있던 연합군사령부는 1948년 1월, '조선인학교 설립의 취급에 관하여'라는 통달을 내리고 조선인학교의 폐교와 아이들의 일본 학교 편입을 지시했습니다.

이 폐교령에 대해 일본 각지에서 민족교육과 조선학교를 지키려는 투쟁이 전개되었는데, 경찰대가 학교를 점령해 항의하는 학생들과 교직원들을 폭력적으로 진압하는 등 격심한 투쟁이었습니다. 야마구치현에서는 항의 행동의 결과 조선학교 폐쇄를 취소시키는 성과를 올리기도 했습니다. 효고현에서는 연일 시위가 이어져 4월 15일에는 약속을 뒤집은 지사에 대해 항의 농성을 하던 재일조선인 73명 전원이 체포되었고 23일 학교 폐쇄가 강행되었습니다. 4월 24일에는 현청 앞으로 1만 명이 집결해 효고현 지사와 대표 간의 직접 담판을 통해 학교 폐쇄령을 취소하게 하고 재일조선인들에게 이번 사태에 대한 어떠한 책임도 묻지 않겠다는 합의문을 작성했습니다. 그러나 제8군사령관 중장은 '비상사태선언'을 선포했고 합의문을 파기했습니다. 일본 점령 기간 중 연합군이 선포한 유일한 '비상사태선언'이었습니다.

그 후 사흘 동안 1,732명이 체포되었는데 그중에는 사건과 무관한 사람들까지 조선인이라는 이유만으로 체포되어 유치장에 끌려가기도 했습니다. 136명이 재판에 회부되었고 39명이 '운동의 주동자'로 군사재판에 부쳐졌으며, 중노동 15년이 5명, 12년이 1명, 10년이 1명, 5년 이하가 5명이라는 판결이 내려졌습니다.

오사카에서는 4월 23일 1만 5천 명의 조선인들이 오사카부청 앞에 모였고, 26일에는 3만 명이 넘는 대규모 항의 아래 지사와 교섭에 임했지만 연합군사령부의 오사카 군정부장의 해산 명령과 시위대를 향한 위협 발포로 교섭은 결렬되었습니다. 이때, 16살의 김태일 소년이 일본 경관의 총탄에 숨지는 사건이 일어나고 맙니다.

이러한 투쟁을 통틀어 '4·24 민족교육 투쟁' 또는 '4·24 한신교육 투쟁'이라고 부릅니다. 참가자는 약 1백만 3천 명, 피검거자가 3천 명, 부상자가 150명이 넘었고, 2명의 사망자를 낸 사건이었습니다. 여기에는 함께 투쟁에 참가한 일본인들도 포함되어 있습니다.

사망자 중 한 명은 효고현의 투쟁을 이끈 재일본조선인련맹 효고본부 위원장인 박규범 선생이었는데 극심한 고문의 후유증으로 석방 후 며칠 만에 사망하고 말았습니다. 또 한 명인 김태일 소년은 지금 도쿄 아오야마 묘지의 '무명 전사의 묘'에 묻혀 있습니다. 이 사실을 알게 된 것은 8년 전의 일입니다.

2013년 4·24 투쟁 65주년을 기념해 도쿄에서 처음으로 김태일 소년의 묘지 앞에서 추도 마당이 열렸고, 2014년에는 최근 발굴된 4·24를 추념하는 '노래하는 시극'(남시우 작)이 발표되었습니다. 김태일 소년이 사살된 현장으로부터 약 50미터 떨어진 곳에서 사건을 목격하신 91세가 되신 재일동포가 온몸을 떨면서 생생한 증언을 들려주기도 했습니다.

일본 정부의 '고교 무상화'제도[1] 에서의 배제, 지자체의 보조금 정지 그리고 조선학교
에 대한 중상 비방을 선동하는 사람들에 의해 조선학교는 지금도 4·24와 같은 폐교
탄압을 받고 있다고 해도 과언이 아닐 것입니다.

Note_ 1) '고교수업료무상화·취학지원금지급제도'의 약
칭. '공립고등학교에 관한 수업료 불징수 및 고등학교 등
취학지원금의 지급에 관한 법률'('고교 무상화법')에 따라
2010년부터 실시. 공립고교 등의 수업료 무상화와 사립고
교 등의 취학 지원금 지급으로 수업료 부담의 경감을 통한
교육권 확대를 목적으로 한다. 외국인학교도 대상에 포함
되나 조선학교만이 배제되어 논란이 끊이지 않고 있다.

4·24 민족교육투쟁 다음 해인 1949년에도 일본 정부는
조선학교폐쇄령을 내려 민족교육을 탄압했다

조선학교가 직면해 온 최대의 장애물은 조선학교와 민족교육에 대한 일본 정부의 적대적인 자세와 제도적 차별이라고 할 수 있겠지요. 1965년에 내려진 문부차관의 통달은 "조선인으로서의 민족성 또는 국민성을 함양하는 것을 목적으로 하는 조선인학교는 우리나라 사회에 있어서 각종학교로서의 지위 부여라는 적극적인 의의를 지닌 것으로는 인정되지 않는다"고 명확히 말하고 있습니다. "일본에 있어서 조선학교는 적극적인 의의가 없다"는 인식은 현재도 거의 변함이 없습니다.

현재, 조선학교는 '각종학교'라는 법적 지위에 놓여 있는데 자동차 교습소나 학원과 같은 지위입니다. 의무교육과 후기 중등교육, 고등교육을 하는 정규 학교로서 인정받지 못하고 있습니다. 그 결과, 아이들은 다양한 차별과 불이익을 받아 왔습니다. 통학정기권을 구입할 때 학생 할인을 제대로 받지 못하는 할인율의 격차 문제(1994년 시정), 각종 학생 스포츠대회에 대한 참가 제한 (90년대에 단계적인 해결)이 있었고, 일본학생지원기구(구 일본육영회)와 조선장학회의 장학금을 받을 수 없으며, 진학 시에는 조선학교 졸업생은 대학 입학 수험 자격이 인정되지 않습니다. 또한 학교 기부금에 대한 세제상의 차별(공적인 조성금이 적어 수업료와 기부금에 의한 자주 운영을 할 수밖에 없는 조선학교로서는 중요한 문제)이 존재합니다.

보호자나 학교의 끈질긴 운동과 일본사회의 양심이 해결해 준 문제도 있지만 최근의 '규제 완화'의 흐름 속에서 조선학교 차별이 눈에 띄는 사례도 있습니다. 같은 법적 지위에 있는 인터내셔널 스쿨이나 한국학교 등에는 인정되는 조치(대학 수험 자격, 세제상의 우대 조치)가 조선학교에는 인정되지 않는 등의 차별입니다.

조선학교에 대한 공적 조성금이 극히 미미한 점도 문제입니다. 조선학교의 보호자들은 일본인과 똑같이 납세의무를 다하고 있지만, 아이들의 교육에 대해 납세분에 걸맞는 공적 조성금을 받지 못해 교육비를 스스로 마련해야 하는 처지에 있습니다. 현대사회에서 교육비 자부담이라는 것은 가계에 큰 짐이 아닐 수 없습니다. 정부로부터 조성금은 일절 없는 데다 1970년 이후 서서히 그 실시가 확산되어 증액되어 온 지자체에 의한 보조금조차도 '고교 무상화'에서 조선학교가 배제되는 문제를 계기로 촉발된 조선학교를 적대시하는 선동의 파고 아래 위기에 처해 있습니다. 이러한 차별에 의한 경제적인 어려움으로 학교 건물에 필수적인 지진 피해를 최소화하는 내진화 공사가 지연되고 교사들의 월급 지급도 연기되는 등 교사들의 경제적 부담도 커지고 있습니다.

또한 북일 간의 긴장이 고조될 때마다 이러한 외교 관계와는 아무런 상관도 없는 조선학교와 학생들에 대한 협박과 폭행 사건이 일어납니다. 등교 중이던 여학생이 제복인 치마저고리를 찢기는 사건(1994년과 1998년)은 이를 보여 주는 상징적인 사건입니다. 이후 학생들은 어쩔 수 없이 제2제복을 입고 등교하고 있습니다.

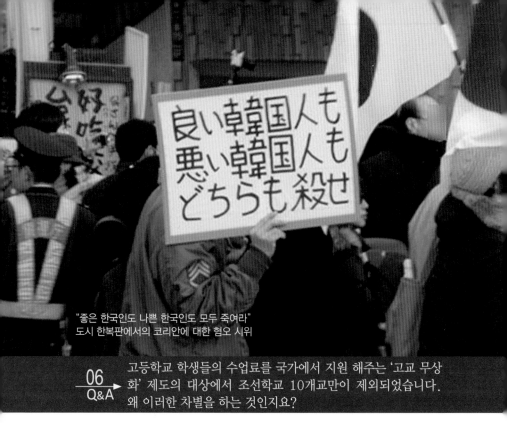

"좋은 한국인도 나쁜 한국인도 모두 죽여라"
도시 한복판에서의 코리안에 대한 혐오 시위

06
Q&A
고등학교 학생들의 수업료를 국가에서 지원 해주는 '고교 무상
화' 제도의 대상에서 조선학교 10개교만이 제외되었습니다.
왜 이러한 차별을 하는 것인지요?

일본에서는 소학교, 중학교 9년간의 교육은 무상 의무교육이지만, 고교까지 확대된
것은 지난 2010년 4월 '고교 무상화'제도가 시행되면서부터입니다. 정규 고교뿐 아
니라, 전수학교와 각종학교도 그 대상에 포함되어 있습니다. 각종학교인 외국인학교
는 (가) 본국의 고교에 상당하는 학교(외국 정부가 인정한 고교), (나) 국제적 교육 평
가 기관의 인정을 받은 국제학교, (다) 기타의 세 가지로 분류되어, 4월 30일 (가)에 한
국학교, 중화학교, 브라질학교 등 14개 교가, (나)에는 국제학교 17개 교가 지정되어 총
31개 학교가 대상에 포함되었습니다.

조선학교는 1945년 8월 일본의 패전과 조선의 해방 직후부터 재일조선인이 빼앗긴
언어와 문화, 역사를 되찾기 위해 자력으로 세운 민족학교로 일본과 같이 6·3·3제
로 운영되고 있습니다. 도중에 북²⁾으로부터 교육 원조금이 보내지기 시작했지만, 조선

학교는 북의 학교 제도와는 상이합니다. '고교 무상화'에서도 (가)가 아닌 (다)에 해당하는 것으로 간주되었습니다.

(다)에 관해서는 전문가에 의한 검토회의가 설치되어 2010년 8월, '고교 교과과정에 유사한 과정을 둔 외국인학교의 지정에 관한 기준'이 공표되었고, 11월에는 '(다)의 규정에 따른 지정 규정'이 공표되었습니다. 지정 기준과 절차가 정해져 조선고교 10교도 신청을 완료했습니다.

조선학교를 대상에 포함하는 것이 문제로 붉어진 것은 2010년 2월 나카이 히로시 국가공안위원장 겸 납치문제담당장관이 조선학교를 제외할 것을 문부과학성 장관에게 요청했다는 것이 보도되면서였습니다. 그리고 같은 해 11월, 연평도포격사건이 발발하자 칸 나오토 수상은 심사 과정의 중단을 명했습니다. 고교 무상화라는 교육 문제에 정치적, 외교적인 사항을 결부시킨 것이었습니다. 칸 수상은 2011년 8월 퇴임하면서 심사 재개를 명했지만, 차기의 노다 내각은 심사를 연기시킨 채 2012년 12월에 퇴진하고 제2차 아베내각이 들어섰습니다.

또한 '북조선 귀국자의 생명과 인권을 지키는 회'라는 단체는 당초 탈북자 지원단체였으나, 2010년 이후 '조선학교 때리기'에 매진해 '고교 무상화'에서의 조선학교 제외와 나아가서는 지자체의 보조금 정지를 요구했습니다. 그리고 도쿄, 오사카, 가나가와, 치바, 사이타마, 히로시마, 미야기 등의 지자체에서 이러한 정지 요구가 실현되었습니다.

2012년 말 총선거 결과, 자민당과 공명당으로 구성된 제2차 아베내각은 등장하자마자 '고교 무상화'에서 조선학교 제외를 단행했습니다. 코리안이 많이 거주하는 도쿄의 신오오쿠보나 오사카의 츠루하시 등에서 '재일 특권을 용납하지 않는 모임'이라는 단체에 의해 "좋은 한국인도 나쁜 한국인도 모두 죽여라", "조선인 목을 매달아라, 독먹고 뛰어 내려라" 등의 헤이트 스피치가 광풍처럼 퍼진 것도 이즈음이었습니다. 이 단체는 2009년에는 교토의 조선학교 습격사건[3]을 일으켜 주모자가 형사재판에서 유죄판결을 받았고, 학교 측이 일으킨 민사소송이 진행 중에 있습니다. 2014년 7월 8일 현재 오사카고법은 재특회 측이 제기한 항소를 기각하고 1심과 같이 배상명령과 학교에서의 가두선전 금지명령을 내렸습니다.

2013년 2월 북의 핵실험 소식이 전해지자 가나가와현이 보조금을 정지하겠다고 발표했고, 도쿄의 마치다시는 아동용 방범 부저 배포에 있어서 조선학교 아이들만을 배제(이후 철회)하는 등 북의 동향을 구실로 하는 조선학교 차별 풍조는 뿌리 깊이 남아있습니다. '고교 무상화'로부터 조선학교 제외를 결정한 시모무라 문부과학 장관도 "납치문제에 진전이 없다", "조선총련과 밀접한 관계가 있어 교육 내용, 인사, 재정에 영향을 미치고 있다"는 것을 이유로 내걸었습니다. 유엔 사회권규약위원회에서도 문제가 되어 일본 정부는 이러한 이유를 대며 변명을 찾기 급급했지만 심사 결과 유엔은 '총괄 소견'에서 "조선고교 제외는 차별이며 똑같이 취학지원금을 지급해야 한다"("고교 무상화를 적용해야 한다")는 결론을 냈습니다. 일본의 변명은 국제사회에서는 전혀 통용되고 있지 않은 것입니다.

『재팬 타임즈』는 사설을 통해 이렇게 논평했습니다. "이번 마치다시의 문제는 이 나라 전체에 불어닥치고 있는 대단히 불온한 움직임의 일부이다. 몇몇 지자체는 조선학교에 대한 보조금 지급을 정지시키고 아베 내각은 조선고교를 무상화 제도에서 제외했다. 이러한 결정들은 철회되어야 하며 학생들을 정치적 인질로 이용하는 것은 잘못된 것이다. 학생들을 이용하면 일본에서의 조선인 차별을 선동하게 될 뿐이다"(2013년 4월 12일자). 일본의 영자신문도 이 사태에 대해 유엔과 같은 인식을 하고 있는 것입니다. '북 때리기'와 지금도 여전히 청산되지 않는 '조선인 차별'이 귀중한 민족교육 기관인 조선학교 때리기로 이어지고 있습니다.

Note_ 2) 이 책에서는 남북관계를 국가 간 관계가 아닌 "통일을 지향하는 과정에서 잠정적으로 형성된 특수관계"로 규정한 1991년 남북기본합의서와 이를 발전시킨 2000년 6·15남북공동성명의 정신에 따라 문맥에 따라서는 대한민국을 '남'으로, 조선민주주의인민공화국을 '북'으로 표기한다. 특히 한반도 남북에 걸친 재일조선인들의 역사와 현실을 고려할 때 이렇게 표기하는 것이 적절하다고 판단된다.
3) 구량옥의 에세이 "나의 사라진 고향들"에서의 관련 서술 참조.

'고교 무상화' 대상에서 조선학교만이 배제된 일본의 현실이 현재의 일본사회의 현상을 여실히 말해 주고 있다고 생각합니다. 아베 정권의 조선학교 배제 결정에 대해, 안타깝지만 정권을 흔들 만큼의 비판 여론을 만들어내지는 못하고 있습니다. 많은 시민들이 조선학교를 직접 본 경험이 없고, 어떤 교육을 하고 있는지 모르고 있고, 일본에 정주하는 재일조선인들이 일본인과 마찬가지로 납세하고 있다는 사실을 모르는 사람도 많습니다. 그래서 일부 언론이나 우익적 정치인이 생산하는 악선전에 쉽게 현혹되는 일본인이 적지 않습니다. 조선학교가 제외되고 보조금이 정지되어도 '차별'로 느끼기보다는 "어쩔 수 없다"는 정도로 생각하는 사람도 많습니다.

한편, 조선학교를 지원하는 시민들의 움직임도 일본 패전 직후부터 적잖이 존재했습니다. 조선학교의 건설과 용지 확보에 협력한 일본인들도 있었습니다. 도립 조선인학교에는 조선인 아이들을 진지하게 마주한 일본인 교사도 있었습니다. 일본교직원조합의 젊은 교사들 중에서 조선학교와의 교류에 힘쓰는 이들도 생겨났습니다. 도쿄에서는 '일조(日朝)교육교류모임'이 40년에 걸쳐 이어지고 있습니다. 국가가 조선학교를 적대시하는 가운데에서도 지자체는 국가가 내린 통달과 달리 조선학교를 인가하고 보조금을 내기 시작했던 것입니다.

그런데 새로운 흐름이 생긴 것은 2010년이었습니다. '고교 무상화' 제도에서 조선학교만을 배제한 일본 정부의 조치는 많은 일본인들을 향해 눈에 보이는 형태로 조선학교 차별을 적나라하게 보여 줬기 때문입니다.

그러나 「'고교 무상화'로부터 조선학교 배제에 반대하는 연락회」(약칭 '무상화연락회')의 활동 경과를 보면, 조선학교의 민족교육에 공감하고 "조선학교 차별에 대해 반대하는 것은 일본인으로서의 책임"이라고 생각하는 사람들이 조금씩 늘어가고 있음을 알 수 있습니다. 2010년 3월 27일 "'고교 무상화'로부터 조선학교 배제에 반대하는 긴급 행동' 시위에는 1주일의 짧은 홍보에도 불구하고 찬동 단체가 70개, 참가자는 1천

명을 넘었습니다. 그 후 도쿄에서 열린 집회에서도 찬동 단체와 참가자의 숫자는 착실히 늘어갔고, 찬동 단체가 최대 329개, 참가자가 5천 명에 이르기도 했습니다. 또한 일본 각지로 운동이 확산되어 차별에 반대하는 서명을 보내오기도 합니다.

무상화연락회는 한국의 시민단체들과도 연대 활동을 해오고 있습니다. 그중에서도 '몽당연필'과는 공동성명을 발표하고, 서로의 집회에 대표를 보내 참가하기도 했습니다. '몽당연필 자선콘서트 도쿄 공연'(2010년 6월)에는 무상화연락회가 전면적으로 협조해 성황리에 공연이 치러졌습니다.

무상화연락회는 조선학교에 대한 이해를 높이기 위해서 조선학교 방문을 통한 수업 참관과 교직원, 보호자와의 대화를 기획해 오고 있는데, 그야말로 백문이 불여일견이라는 말처럼, 많은 일본인들이 조선학교를 직접 보고나서 조선학교에 대한 편견이 없어지고 호감을 갖게 되거나 그 중요성을 인식하게 되었다고 합니다. 일본사회 안에서 조선학교에 대한 이해가 높아지기 위해서는 이러한 노력의 고리들을 더욱 넓혀 가는 것이 중요하다고 하겠습니다.

일본이 비준한 국제인권조약 중 교육의 권리를 차별 없이 평등하게 보장할 것을 명기한 사회권규약, 자유권규약, 아동권리조약, 인종차별철폐조약에 대해 준수 상황을 심사하는 각 위원회는 일본 정부에 대한 심사를 거쳐 발표한 총괄 소견에서 조선학교에 대한 차별을 시정할 것을 여러 차례 권고해 왔습니다.

예를 들어, 2001년 8월에는 사회권규약위원회는 "…체약국이 소수자의 학교 및 특히 조선학교가 나라의 교육 커리큘럼에 따르고 있는 상황에서 당해 학교를 정식으로 인가하고, 이로써 당해 학교가 보조금과 그 외의 재정 원조를 받을 수 있도록 할 것. 또한 당해 학교의 졸업증서를 대학 입학시험의 수험 자격으로 승인할 것을 권고"(E/C.12/1/Add.67,para60)하고 있습니다. 또한 2008년 10월 자유권규약위원회는 "국가에 의한 보조금을 증대하고, 조선학교에 대해 기부하는 자에게 다른 학교에 기부하는 자와 동일한 재정적 이익을 부여함으로써 조선학교에 대한 적절한 자금 원조를 확보하도록 하고, 조선학교의 졸업증서를 직접 대학 입학 자격으로 인정해야 한다"(CCPR/JPN/CO/5,para31)고 권고했습니다.

〈Q 6〉에서 상세히 살펴보았던 '고교 무상화'에서의 배제 문제에 관해서도 '고교 무상화' 제도가 시행되기 직전인 2010년 3월, 인종차별철폐위원회는 일본 정부에 대해 "현재 공립 및 사립 고교, 전수전문학교, 고교에 필적하는 교육과정을 갖고 있는 다양한 교육기관을 대상으로 한 고교교육무상화법의 개정 제안이 있는 바, 여기에서 조선학교를 배제해야 한다고 제안하는 몇몇 정치가의 태도"(CERD/C/JPN/CO/3-6,para22(e))를 우려한다는 총괄 소견을 냈습니다.

또한 2013년 4월에 개최된 사회권규약위원회에서는 전 위원을 대표해 신혜수 위원이 '고교 무상화'는 교육에 대한 평등권을 보장하는 것으로서 조선고교 학생들과 납치문제는 아무런 상관관계가 없으므로 학생들을 배제하는 이유가 될 수 없다는 것을 예리하게 지적하였고, 일본 정부의 조치는 일본에서 태어나고 자란 학생들의 교육의 권리

를 빼앗는 것이 된다며 강하게 추궁했습니다. 그러나 일본 정부는 납치 문제와 조선
총련과의 관계 등을 지적하며 일본 국민의 세금을 조선학교에 지급하는 것은 국민의
이해를 얻을 수 없다며 항변했습니다. 이러한 갑론을박을 거쳐 5월 사회권규약위원
회는 아래와 같은 총괄 소견을 발표했습니다.

"고교교육수업료 무상화 프로그램에서 조선학교가 제외된 것을 우려하는 바이다. 이
것은 차별이다. (중략) 위원회는 고교교육수업료 무상화 프로그램이 조선학교에 다니
는 아이들에게도 적용될 것을 확실히 보장하도록 체약국에 요구한다"(E/C.12/JPN/
CO/3.para27).

그러나 일본 정부는 조선학교에 대한 차별 시정을 요구하는 유엔의 인권 권고를 진지
하게 받아들이지 않았습니다. 오히려 2013년 6월 18일 아베내각은 유엔의 권고는 법
적 구속력이 없는 것으로 체약국이 따라야 할 의무가 있는 것이 아니라는 답변서를
각의에서 결정했습니다. 유엔의 권고를 거부하고 국제사회에 등을 돌리는 일본 정부
의 자세에 대해 일본 국내외로부터 비판의 목소리가 커지고 있습니다.

조선학교에도 고교무상화제도를
적용하라는 학생들의 시위

"왜 우리들만이 무상화 대상에서 제외되는 것인가요? 학교에서 수업을 받고, 쉬는
시간에는 친구들과 수다 떨고, 방과 후 활동에도 정열을 쏟는, 모두가 말하는 보통
의 고교생인 우리들이 왜 제외되어야만 하는가요? 이것은 명백한 민족 차별이고
배울 권리를 침해하는 것입니다"(팸플릿 "조선학교에 대한 고교 무상화 적용을 바
라며"에서).

조선 고급학교에 다니는 학생들의 솔직한 생각입니다. '고교 무상화'에서 제외되는 것
이 확실해진 직후 학생들과 보호자, 관계자를 비롯한 재일조선인들은 차별 없는 제도
적용을 요구하는 다양한 운동을 펼쳐왔습니다. 전국 각지에서 길거리로 나와 전단지
를 배포하고, 서명을 받고, '조선학교 따돌리기'의 부당성을 호소해 왔습니다.
학생들 자신도 공부 시간이나 방과 후 활동 시간을 할애해 서명운동을 해왔습니다.

그리고 2010년과 2012년에는 각지의 조고생들이 직접 문부과학성을 방문해 서명을 제출하고 다음과 같이 자신들의 목소리를 전달했습니다.

"그동안 일본 시민들이 우리들에게 격려의 말을 건네고 협력해 줄 때마다 우리들의 주장은 틀리지 않다고 실감했다. 배울 권리를 빼앗는 것은 인권 침해이고 차별이다", "조선 적대와 민족 차별의 풍조 속에서 조선인으로서 당당하게 사는 것은 쉬운 일이 아니다. 우리들은 자국의 역사와 문화를 배우고 싶은 것뿐인데, 어째서…. 배울 권리는 국적이나 인종에 상관없이 부여되어야 한다".(2010년 문부과학성을 방문한 조선고급학교생의 발언에서)

그러나 2012년 12월에 발족한 아베 3차 내각은 일찌감치 '고교 무상화' 제도에서 조선학교의 완전 배제를 발표했습니다. 이에 대해 2013년 1월 24일에는 오사카(원고: 오사까조선학원)와 아이치(원고: 학생과 졸업생 10명)에서, 8월 1일에는 히로시마(히로시마조선학원이 원고로서 행정소송, 학생과 졸업생 110명이 원고로서 국가배상청구)에서, 12월 19일에는 후쿠오카(원고: 학생과 졸업생 68명)에서, 그리고 2014년 2월 17일에는 도쿄(원고: 학생 62명)에서 '무상화' 재판이 제소되기에 이르렀습니다. 각지에서는 각각 일본인도 참가하는 지원단체가 발족했습니다.

학생들과 보호자들의 투쟁은 계속되고 있습니다. 조선대학교 학생들은 2013년부터 문부과학성 앞에서 즉시 적용을 요구하는 항의 행동을 계속해 오고 있고, 어머니들도 2013년 4월부터 5월에 있었던 유엔 사회권규약위원회의 일본 정부 보고서 심사 회의에 대표단을 파견해 '고교 무상화'에서의 배제 문제를 비롯한 일본 정부의 조선학교에 대한 차별적 정책의 부당성을 호소했습니다.

일본 정부에 의한 조선학교 차별이 계속되는 한, 재일조선인의 투쟁은 계속될 것입니다.

교또조선초급학교에서 나가시소면을
즐기는 아이들과 보호자들

10
Q&A

일본 학교에 아이들을 보내면 수업료도 저렴하고, 차별받지
않고 생활할 수 있는 것같습니다. 부모님들은 어떤 심정으로
아이들을 조선학교에 보내고 있는지 궁금합니다.

일본의 공립학교에서는 수업료 자체는 무상이고 사립학교에서도 국가 보조금이 있는
가 하면 고교의 경우는 취학 지원금 제도가 있습니다. 아이를 일본 학교에 보내면 이
러한 제도가 적용되어 분명 학부모의 경제적 부담은 덜어지겠지요.

그러나 일본의 학교에서는 조선민족으로서의 민족교육을 받을 수 없습니다. 오사카
등 극히 일부 학교에서 민족학급이라는 형태로 재일조선인 아이들에게 민족교육을
실시하는 노력도 있어왔지만, 이것도 일본 정부가 장려하는 것이 아니어서 확산되지
않고 있습니다.

과거 청산이 제대로 이루어지지 않은 것처럼, 전시하의 황국신민화 정책도 제대로 반
성되지 않았기 때문에, 패전 후에도 일본에서는 "일본에서 계속 살려면 완전히 일본
인이 되라"는 사고방식이 일본 정부(문부과학성) 정책의 근간에 뿌리 깊게 남아있기

1부 조선학교 바로알기 | **33**

때문입니다.

그러므로 일본 학교에 다니는 많은 재일조선인 아이들이 자민족의 언어를 이해하지 못하고, 역사도 잘 모르는 채 성장하게 됩니다. 더욱이 조선인 멸시의 감정이 뿌리 깊고, 지금 거리에서의 헤이트 스피치로 상징되는 것처럼 그 차별 의식이 확대재생산되어 가고 있는 일본사회에서 아이들을 일본 학교에 보낼 경우, 자기 긍정감과 자존감을 지니지 못한 채 열등감에 짓눌려지는 않을까 걱정하는 부모도 적지 않습니다.

현재 아이들을 조선학교에 보내고 있는 한 어머니는 이렇게 말합니다.

"저는 일본 학교에 다녔는데 머리 모양을 바꾸거나 리본을 달면 '조선인인 주제에!'라는 소리를 들었고 아이들은 전학생이 올 때마다 뒤에서 '저 애는 조선인이니까 조심해!'라고 수군거렸습니다. 정말 슬펐습니다. 부모님께 이 사실을 말씀드리면 항상 '공부로 복수해!'라고 하셨지만, 열심히 공부해서 일등이 되어도 조선인으로서 겪는 상황에는 변함이 없었고 선생님들은 오히려 '왜 귀화하지 않니?'라고 물어왔습니다. 당시의 나의 가장 큰 불행은 조선인 부모로부터 태어났다는 사실이었습니다. 지금 내가 조선학교에 아이들을 보내고 있는 이유 중 하나는 내 자신의 이러한 차별 경험입니다."

이러한 체험은 재일동포 1세 어르신들이 식민지 시기에 겪어 왔는데 조선학교가 설립된 배경에는 자식들에게 이러한 슬픔을 또 다시 경험하게 하고 싶지 않은 부모의 심정도 있었던 것입니다.

이 어머니는 이렇게 덧붙여 말합니다.

"우리 조선인들이 태생을 부끄럽게 여기지 않고 자존감을 가지고 살아가기 위해서는 자신의 민족적 정체성이 확고해야만 합니다. 그러기 위해서는 민족의 역사, 문화, 언어의 습득은 불가결합니다. 이렇게 되면 조선학교밖에 없습니다. 아이들은 조선학교에서 공부만 하는 것은 아닙니다. 아이들은 미래의 동포 사회를 이끌어 가는 주역으로 선생님들을 비롯해 학교 관계자나 지역의 이웃 동포들로부터 귀중하게 여겨지고 많은 어른들로부터 많은 사랑을 받습니다. 동포들이 따뜻하게 지켜보는 가운데 조선 민족의 일원으로서 자부심과 정체성을 키워갑니다".

조선학교의 보호자 중에는 이 어머니처럼 일본 학교만 다닌 사람도 있는가 하면, 조선학교만 다닌 사람들도 있고, 이 두 학교를 모두 경험한 사람도 있어 다양하지만, 이처럼 조선학교의 매력은 조선학교에 대한 차별 대우와 그로 인한 수업료 부담 등이 가중된다고 해도 아이들을 보낼 만큼 큰 것이라고 말할 수 있을 것입니다.

한국이나 일본의 국익을 해칠 수 있다고 걱정하고 계시는 분들이 계시는군요. 조선학교는 다른 답변들에도 나와 있듯이 재일조선인들의 민주주의적 민족교육을 목적으로 일본의 학습 지도요령에 준한 교육 내용을 가르치는 6·3·3·4제의 전일제 학교 교육 시설입니다.

'반일 교육'을 한다느니 '스파이 양성소'가 아니냐는 주장은 최근 들어 일본의 일부 극우 세력들이 하는 주장입니다. 조선학교에서는 일본의 제국주의에 의한 식민지 지배와 이에 저항하는 민족의 역사를 중요하게 가르칩니다. 그리고 해방 후, 열강에 의한 외압을 배경으로 한 한반도의 분단체제의 모순과 이를 극복하고자 하는 남북 그리고 재외동포의 민주주의와 통일을 갈망했던 역사도 중요하게 다뤄집니다. 재일조선인이라는 존재를 이해하는 데에 불가결한 근현대사이기 때문입니다.

이러한 내용들이 '한국이나 일본의 국익을 해치지' 않는 것은 자명합니다. 일본이나 한국의 상황을 비판적으로 다루는 경우도 있지만, 그것은 어디까지나 일본 제국주의와 한국의 군사독재정권에 관한 것이지 결코 일본과 한국의 일반 국민에 관한 것이 아니기 때문입니다. 오히려 조선학교에서의 민족교육은 북일우호와 남북통일을 지향합니다.

이런 지향성을 두고 한국이나 일본의 국익을 해친다고 말할 수 있을까요? 만약 여전히 그렇게 생각하는 사람이 있다면, 그 사람의 '국익'은 안타깝게도 일본과 한반도의 수많은 일반 국민의 이익에 반하는 것은 혹시 아닐는지요?

덧붙여 북과의 관계에 있어서 조선학교가 어떤 학교인가 하는 우려에 대해서도, 조선학교는 북에 의한 국영 학교가 아니라 어디까지나 재일조선인이 운영하는 민족교육 시설이라는 것을 강조하고 싶습니다. 물론 조선총련계 학교라는 것은 사실이고, 통일지향의 교육을 하면서도 지지하는 나라가 북이라는 것도 사실입니다.

그러나 재학생과 졸업생의 생각은 다양합니다. 북에 대한 지지부터 비판까지 그 내용과 정도 등의 스펙트럼은 다채롭게 펼쳐져 있습니다. 그리고 가령 북에 대한 생각이나 입장이 다르다 하더라도, 많은 재일조선인들이 아이들을 보내고 운영을 지원하면서 조선학교를 지키기 위해 단결했던 것도 사실입니다. 주된 이유 중 하나는 조선학교가 국가에 의한 교육 보장이라는 차원에서 배제되어왔고, 따라서 재일동포들 스스로가 상부상조하면서 운영해 왔기 때문입니다. 그렇기 때문에 조선학교는 재일조선인의 공동체이자 거처로서 중요성을 갖게 되었고, 북이나 조선총련에 비판적인 사람들조차도 입장을 초월해 지탱해 왔던 것입니다.

조선학교가 한국이나 일본의 국익을 해친다는 우려는 정말로 학교의 실정과는 먼 인식입니다. 오히려 조선학교의 민족교육은 식민지 지배와 분단체제에 의해 남과 북, 재외동포를 불문하고 조선인들이 경험해 온 슬프고 참혹한 근현대사를 중시함으로써 학생과 졸업생에 대해 국가에 의한 인권침해를 비판적으로 보거나, 자신이 사회와 역사에 어떻게 연결되어 있는지를 생각할 수 있는 계기를 제공하고 있다고 말할 수 있습니다. 이러한 민족교육은 일본과 한반도의 우호와 남북통일이라는 어려운 과제를 자신의 과제로 삼아 일하는 인재를 키우는 데에 있어서 큰 공헌을 해 왔고, 앞으로도 공헌해 갈 것으로 생각합니다.

조선이 해방된 후, 일본 각지에서 세워진 조선학교의 뿌리인 국어 강습소는 점차 학교의 형태를 정비해 갔지만, 당시, 한반도에는 아직 어느 쪽에도 정부가 성립되지 않아 국가적인 비호가 없는 속에서 재일조선인 스스로가 자주적으로 민족교육을 꾸려왔습니다.

그러나 한반도 정세가 냉전의 영향으로 악화되면서 재일조선인을 치안 통제의 대상으로 간주한 연합군과 일본 정부는 조선인이 자주적으로 운영하는 조선학교의 존재를 인정하지 않고 오히려 철저하게 탄압했습니다. 그러던 중 1948년 8월 15일 대한민국 정부가 수립되었고, 9월 9일에는 조선민주주의인민공화국 정부가 수립되었습니다. 조선학교의 운영 모체인 재일조선인단체인 재일본조선인련맹(조련)은 북을 지지했지만, 이를 좋게 보지 않았던 미연합군사령부와 일본 정부는 1949년 9월 8일 조련을 강제해산시키고, 다음 달에는 48년의 폐쇄령에 다시금 조선학교 폐쇄령을 지시했습니다.

조국의 분단과 일본의 탄압에 의해 엄중한 상황에 놓여온 조선학교였지만 조선민주주의인민공화국 정부를 지지하는 재일본조선인총련합회가 1955년 결성되어 그 산하에서 조선학교는 급속하게 정비되어 현재의 체계적인 민족교육이 형태를 잡아갔습니다. 그러던 중 특히 재일조선인의 민족교육에 관심을 갖고 지원을 해 온 것이 북의 정부였습니다.

북은 한국전쟁이 끝나고 4년이 채 지나지 않은 1957년, 곤란한 국내의 경제 상황에도 불구하고 약 2억 엔의 교육 원조비를 보내왔습니다. 차별과 탄압, 그리고 빈곤으로 곤경에 처해 있던 재일조선인들에게 있어서 이 교육 원조비는 대단히 큰 의미를 지니는 것이었고, 조국과의 연대감을 새로이 느끼게 하는 것이었습니다. 이 당시의 재일조선인들의 심정은 "조국의 사랑은 따사로워라"라는 노래로 표현되었고 이 노래는 지금도 계승되어 불리는 노래입니다. 당시 재일동포 1세들은 이 노래를 눈물 없이는 부르지 못했다고 합니다. 그 뒤에도 끊이지 않고 매년 교육 원조비가 보내졌는데, 여전히 일본 정부로부터 아무런 보조 없이 재일조선인 스스로 운영한 조선학교에 있어서 이 원조비는 큰 힘이 되었습니다. 재일조선인의 대부분은 한반도 남쪽에 뿌리를 두고 있지만, 북이 '우리나라'로서 지지를 받게 된 배경에는 이러한 재일조선인에 대한 북의 자세가 있습니다.

조선학교와 북의 관계는 일본에서는 부정적인 것으로, 또는 때때로 차별 정책의 근거로 제시됩니다. 그러나 일본에서 민족교육을 법적, 경제적으로 보장하는 제도가 정비되어 있지 않은 상황 속에서 북과 총련은 체계적인 민족교육의 유지를 위해 큰 역할을 해 왔습니다.

현재는 수학여행으로 학생들이 북을 방문하고, 여름 방학 기간 중에는 조선무용 등 민족 문화 습득을 위해 북에서 연수하는 프로그램도 있습니다.

또한 조선학교는 북과의 관계만이 아닌 조국의 통일을 바라는 프로그램도 많이 실시해 왔습니다. 그중에서는 인상적이라고 할 수 있는 것은 역사적인 6·15 남북공동선언 후 통일을 향한 고양된 분위기 속에서 2002년 조선학교 학생들이 한국을 방문해 서울과 전주에서 문화 공연을 연 것입니다. 일본 땅에서 차별과 탄압에 지지않고 민족의 말과 문화를 지키고 당당하게 살아가고 있는 재일조선인 학생들의 모습은 한국 시민들의 가슴에 큰 감동과 반향을 일으키기도 했습니다. 그때까지 한국에서 재일조선인의 존재, 조선학교의 존재를 이해하는 사람들은 많지 않았습니다.

현재 남북관계가 결코 좋은 상황은 아니지만, 조선학교를 둘러싼 풀뿌리 민족 교류는 지금도 착실하게 쌓여가고 있습니다. 조선학교의 일상을 취재한 영화 「우리 학교」와 「60만 번의 트라이」는 한국에서도 큰 호응을 얻었고, 배우 권해효 씨를 대표로 하는 '몽당연필'은 자선 공연 등 다양한 활동을 통해 조선학교의 역사와 가치를 알리기 위해 많은 노력을 기울이고 있습니다.

권해효 대표는 "조선학교 학생들은 북과 일본, 남과 일본, 그리고 남과 북을 잇는 귀중한 존재"라고 말했는데, 그야말로 조선학교는 우리 민족의 역사와 다가올 미래를 상징하는 존재라고도 할 수 있지 않을까요.

도꾜조선제2초급학교
일명 '에다가와 조선학교'의 옛 모습

13
Q&A

약 10년 전, 토지를 빼앗으려 한 도꾜도에 의해 존폐 위기에
처했던 조선학교를 돕자는 캠페인을 TV 뉴스로 접한 적이 있
습니다. 이 학교는 지금 어떻게 되었는지요?

도쿄도 에토구(江東區) 에다가와(枝川)라는 곳에 있는 도꾜조선제2초급학교를 말씀
하시는 것이지요? 예, 안심하셔도 좋습니다. 이 학교는 지금도 건재할 뿐 아니라, 아
이들은 깨끗하게 새로 지은 학교에서 공부하고 있습니다.

2003년 말경, 우익 인사 이시하라 신타로씨가 지사로 있던 도쿄도는 그때까지 무상
대여했던 학교 토지를 유료로 전환하겠다면서 임대료를 지불하지 않으면 토지를 돌
려 달라는 재판을 일으켰습니다. 이 토지에 담겨진 역사적 경위를 완전히 무시하는
처사였습니다. 이 에다가와라는 지역은 재일조선인들이 모여 사는 집중거주지역인데,
일제강점기인 1930년대 후반 도쿄도의 전신인 도쿄시가 조선인들을 이곳으로 강제
이주시키면서 형성되었습니다.

그러면 왜, 어디에서 강제 이주되어 온 것일까요? 여러분들은 아마 환상으로 끝나버

린 1940년 도쿄올림픽에 대해 별로 들어본 적이 없을 것입니다. 하지만 아시아 선수로서는 처음으로 마라톤 금메달을 거머쥔 손기정 선수는 아시겠지요. 손 선수가 우승한 것이 1936년 베를린올림픽이었고 4년 뒤의 올림픽은 도쿄에서의 개최가 일단 결정되었었습니다. 중일전쟁이 격화하면서 결국 중지되었지만, 개최를 준비하던 도쿄시는 올림픽 경기장을 한 조선인 판자촌으로 정하고는 이 조선인들을 강제 이주시켰습니다. 이들이 옮겨져 온 곳은 이제 막 쓰레기 매립지를 덮어서 만들어 "땅 위의 외딴 섬"으로 불렸던 에다가와였습니다.

그리고 에다가와에서의 열악한 생활환경 속에서 살게 된 조선인들이 해방 직후인 1946년 1월, 조선어강습소로 지은 것이 지금의 도쿄 조선제2초급학교로 이어지게 되었습니다.

이 같은 역사적 경위를 감안해 도쿄도는 시한 없이 무상으로 토지를 학교 측에 빌려주게 되었던 것입니다. 그러나 이런 경위를 무시한 채 이시하라 도지사는 아이들에게 당장이라도 이 땅에서 나가라는 재판을 일으켰고, 학교는 재판 결과에 따라서는 존속이 위태로워지는 위기 상황에 처해졌습니다. 이러한 도쿄도의 폭거를 규탄하고, 학교를 도와 재판 투쟁에 함께 동참해 싸우자는 연대의 고리가 재일조선인은 물론 양심적인 일본 시민들과 한국 시민단체인 지구촌동포연대(KIN=Korean International Network)의 열정적인 활동으로 한국 사회에서도 확산되어 갔습니다. 에다가와 조선학교에는 많을 때는 매주 일본과 한국의 각계각층의 시민들이 방문해 수업을 견학하고 이 학교와 이 지역의 역사에 관한 교장 선생님의 말씀에 귀를 기울였습니다. 또한 일본에서 뿐만 아니라, 한국의 각 언론도 이 문제를 크게 보도했습니다.

이렇게 크게 고조된 운동은 도쿄도로 하여금 재판에서 큰 양보를 하도록 만들었습니다. 2007년 3월, 학교는 염가로 토지를 사들이는 방법으로 도쿄도와 화해 절차를 거쳤고 재판은 종료했습니다. 실질적인 승소였고 조선학교를 끝까지 지켜낼 수 있었습니다.

그뿐 아니라, 재판 투쟁 과정에서 일본 시민들이 만든 에다가와 조선학교 도민기금, 서울의 아름다운가게에서 저명인들의 협력으로 진행된 모금 옥션 행사, SBS의 다큐멘터리 방송을 통한 모금 캠페인 등 약 1억 엔에 가까운 금액이 모여졌고 이 모금은 재판이 종료된 뒤, 노후화의 문제가 심각했던 기존의 학교 건물을 새로 건설하는 데에 큰 도움이 되었습니다.

2011년 4월 시공식 때 제막된 정문 바로 옆에 있는 '마음의 고향'이라는 기념 조형물에는 이렇게 쓰여 있습니다.

"새 교사에는 뜻있는 남녘 동포들의 민족애와 일본의 많은 벗들의 지성 어린 우정이 깃들어 있음을 전한다".

'전화위복'이라는 말이 일본에도, 한반도에도 있습니다만, 에다가와 조선학교의 토지재판을 둘러싼 투쟁은 많은 한국의 동포들과 일본의 시민들, 조선학교 관계자들 간의 서로에 대한 이해를 높이고 깊은 공감대의 형성이라는 훌륭한 성과를 낼 수 있었습니다.

도꾜조선제2초급학교의 새 학교 정문의 기념 조형물

14
Q&A

남과 북 그리고 일본 세 나라 사이에서 '경계인'으로 살아야 했던 아이들은 자연스럽게 통일에 대한 바람과 꿈을 키워왔을 것 같습니다. 아이들의 그러한 소망을 엿볼 수 있는 것들에는 무엇이 있을까요?

재일동포들은 적지 않게 자기 정체성에 대해 고민을 하게 됩니다. 일본에서 태어나 자랐지만 일본인은 아니고 또 코리안으로서의 자각이 있다고 해도 남북한에 사는 이들과는 다른 존재라는 것을 실감할 때 더더욱 그렇습니다. "나는 과연 어느 나라 사람일까"하고 고민을 하게 되지요. 그래서 자연스럽게 '국적', '민족', '국경' 그리고 '군사 분계선'의 의미에 대해 많이 생각하게 됩니다.

그런데 경계인으로 산다는 게 복잡하기도 하지만 보다 자유로울 수도 있습니다. 일본이라는 나라에 태어나 자란 지역에 대한 애착도 있고, 또 책이나 텔레비전에서만 보던 서울이나 평양을 직접 방문하게 되면 고향에 대한 애틋함을 느끼기도 합니다. 지난 4월 말 일본 도쿄에서 세계탁구선수권이 개최되었는데, 조선학교 학생들과 졸업생들이 북 응원단을 조직해 경기장으로 달려갔습니다.

남북이 대결한 시합에서는 북이 승리했는데, 시합이 끝나자마자 응원단은 통일기를 휘날리며 '우리의 소원은 통일'을 불렀습니다. 한국팀의 주세혁 선수는 경기가 끝난 뒤, 이 노래를 들은 소감에 대한 기자들의 질문에 "뭉클했다. 처음엔 진 것이 화가 났는데, 그 노래를 들으면서 진 것에 크게 개의치 않게 된 것 같다"고 말했습니다(연합뉴스 보도).

'국경', '국적'은 사람이 태어나면서 정해지는 것이라 쉽게 선택할 수는 없습니다. 또 일본이나 한국 등 동아시아 나라들에서는 그 사람이 어느 '국적'이나 '민족'에 소속되어 있는가에 따라 선입견을 가지는 풍조가 아직도 남아 있습니다. 그래도 그 선을 넘어서 떳떳이 사는 이들은 많습니다.

북의 국가대표 선수로 활약한 정대세 선수와 안영학 선수, 남의 국가대표 선수로 선발된 박강조 선수 그리고 일본 국가대표인 이충성 선수. 이 선수들은 모두 일본에서 태어나 조선학교를 졸업한 후 J리그나 K리그에 속해 프로 축구 선수의 길을 택했다는 같은 배경을 가진 청년들입니다. 이들을 보고 남쪽 사람인지, 북쪽 사람인지, 일본사람인지 물어보고 싶어 하는 사람들은 많습니다. 남과 북 그리고 일본의 높고 높은 경계선을 넘어서 축구장에서 뛰는 동아시아의 축구 선수들이라고 생각하면 안 될까요. 이 선수들은 누구든지 민족이나 국적 때문에 차별받을 이유가 없다는 것을 체현해 보인 코리안들인 것입니다.

조선학교에 다니는 아이들도 한국의 현대사를 배웁니다. 그래서 예전에는 한국의 이미지는 제주 4·3항쟁이나 단독선거, 군사독재 정권, 광주민중항쟁 등 우선은 해방 후의 민족 분단의 아픔을 떠올리는 학생들이 많았던 것같습니다.

지금 조선학교 학생들 중에는 한국에 가 본 학생도 가 보지 못한 학생도 있습니다. 가 보지 못했더라도 한국인과 일본에서 알게 되는 기회를 갖게 되는 학생도 있습니다. 이런 기회를 통해 한국에 대해 친근감을 느끼는 학생도 있는 반면 전혀 그런 기회가 없어 한국에 대한 이미지가 떠오르지 않는다는 학생도 있습니다. 어떤 학생은 "여성들이 모두 성형했을 것같고, 일본인보다 털털하고 성격이 강할 것 같다"는 이미지를 갖고 있다고도 합니다.

문화적으로는 최근의 한류 붐 현상으로 조선학교 아이들 중에도 K-POP을 즐겨 듣는 학생들이 많습니다. 영화 「60만 번의 트라이」에서도 소녀시대 노래를 한국 학생과 오사카 조고생이 함께 듣는 장면이 나오지요?

2000년 6·15 공동선언 후에는 조선고교 학생이 서울 등에서 문화 공연을 하는 획기적인 이벤트도 실현되었지만, 지금은 그런 일이 거의 어려워졌으니 조선학교 아이들은 모두 한반도가 빨리 통일되기를 기원하고 있겠지요.

©류우종

16
Q&A

조선학교에 다니는 학생들은 성적 경쟁이 심한가요? 한국의
학생들처럼 방과 후에 주로 학원에 가는지요? 방학 동안에는
어떻게 지내는지요?

조선학교는 유명 학교 입학을 지향하는 이른바 엘리트를 육성하는 학교가 아닌, 일본
에 사는 조선인 아이들이라면 누구나 다닐 수 있고 민족교육을 받을 수 있는 것을 목
적으로 한 학교입니다. 조선고교나 조선대학교에 진학할 때 학력을 평가하기 위한 입
학시험은 있지만, 불합격 처리되어 진학하지 못하는 경우는 거의 없습니다. (물론 점
수가 좋지 않으면 추가 시험이 있습니다) 이 때문에 일본 학교에서와 같은 극심한 경
쟁은 없습니다. 물론 일본 대학에 입학하기로 결정한 학생은 방과 후에 학원에 다니
기도 하고 도쿄대학을 비롯한 유명 대학에 진학하는 학생들도 적지 않습니다. 또한
최근에는 조선대학교 출신의 변호사들도 연달아 배출되고 있어 조선학교의 학력 수
준이 결코 낮다고 할 수 없습니다.

다만 조선학교는 '모두는 한 사람을 위해, 한 사람은 모두를 위해'라는 슬로건 아래 반

학생 전원이 일정한 수준에 도달할 수 있도록 서로 다양한 배려를 합니다. 예를 들어, 시험 전후에는 물론 일상적으로 보강 수업을 하거나, 정기시험 때에는 높은 평균점을 획득하기 위한 반끼리의 대결 경쟁을 하기도 합니다. 초등교육의 단계에서부터 공부를 잘하는 학생이 그렇지 못한 학생을 가르쳐 주는 등 서로 도와 학업을 진행하도록 일상적인 노력을 쏟고 있습니다.

또한 조선학교에서는 초·중·고 과정을 통해 방과 후 활동(클럽 활동)이 대단히 활성화되어 있습니다. 전국의 조선학교끼리의 각종 스포츠 대회와 예술 발표회 등이 일년 내내 열리고, 일본 학교와의 공식 시합도 있어 훈련과 연습은 상당히 진지합니다. 때문에 일상적인 연습과 더불어 여름, 겨울, 봄 방학 중에도 거의 매일 연습이 있어 학생들은 허비할 시간 없이 바쁜 일상을 보냅니다. 특히, 축구와 럭비 등 지방 예선을 돌파하고 전국 대회에 출전하기도 하고, 그런 목표를 향해 뛰는 스포츠 강호로 유명한 학교는 강화 합숙 훈련 등도 많아 학생들은 학업과 병행하느라 진땀을 흘립니다. 이같은 조선학교의 분위기를 볼 때, 조선학교는 성적과 입시를 중요시 하는 경향이 강한 한국의 학교와는 조금 다를지도 모르겠습니다.

©월간 『이어』

졸업생 중 대학과 전문학교 등으로 진학하는 학생이 과반수를 넘습니다. 졸업 후 취직하는 학생들은 음식점 등 가업을 계승하거나, 동포들이 운영하는 금융기관에 근무하기도 합니다.

고교 졸업 후 진학하는 학생들 중에는 도쿄에 있는 조선대학교에 진학하는 학생이 약 30%를 차지합니다. 나머지 70%는 대부분 일본의 대학이나 전문학교에 진학하고, 도쿄대학을 비롯한 일본의 유명 대학에 진학하는 학생들도 있습니다. 최근에는 소수이기는 하지만 한국으로 유학을 가는 학생들도 있습니다.

대학을 졸업한 뒤 진출하는 직종은 다양합니다. 조선학교 선생님, 지역 동포사회를 지키는 활동가, 재일동포 금융기관의 직원, 일본의 국가 자격을 취득한 변호사 등의 전문가, 대학교수 등의 연구자, 축구와 럭비, 권투 등에서 활약하는 프로 스포츠 선수, 가수, 배우, 언론인, 일본과 외국투자기업에서 활약하는 금융전문가, 시민단체 운영자, 승무원, 웹 다자이너 등등입니다.

현재 일본 각지에서 '고교 무상화' 재판을 중심적으로 이끌어가고 있는 재일조선인 변호사 대부분은 조선고교나 조선대학교를 나온 졸업생입니다. 스포츠계에서는 J리그의 안영학 선수와 정대세 선수, 전 세계 권투 챔피언 홍창수 선수 등이 유명하지요. 럭비계에서도 서길령 선수를 비롯한 재일조선인 톱 리거들이 활약 중에 있습니다.

사회에서 활약하고 있는 많은 조선학교 졸업생들은 조선학교를 다닌 덕분에 '자신이 누구인가'라는 것을 알게 되었고 재일조선인으로서의 정체성을 확립할 수 있었다고 말합니다. 또한 동료들과 함께 배우고 서로 도우며, 선생님과 보호자, 지역의 동포 등 동포사회의 성원 속에서 배울 수 있었던 것이 사회에 나와 여러 역경 속에서도 강하게 헤쳐 살아 나가는 밑바탕이 되었다고 말합니다.

도호쿠 대지진 직후의 도호꾸조선초중급학교 학생들.
2011년 5월 ⓒ김지연 『일본의 조선학교』 사진집 중에서

18
Q&A

여러 악조건과 편향된 시각 속에서도, 민족교육을 지켜왔다는 사실이 정말 놀랍습니다. 이러한 사례가 역사적으로, 세계적으로 또 있는지 궁금합니다.

일본의 식민지 지배에 의해 일본으로 건너온 재일조선인들이 만든 조선학교는 전후 유일하게 일본 정부에 의해 폐쇄당했던 고통스러운 경험을 지니고 있습니다.

1948년과 49년의 일본 정부의 대탄압, 60년대의 조선학교 탄압을 위해 시도되었던 외국인학교 법안[4] 그리고 최근의 고교 무상화에서의 배제 등 민족교육을 부정하는 조치는 지금도 계속되고 있습니다. 현지국으로서, 그것도 식민지 종주국이었던 일본이 책임져야 할 과거를 청산하지 않음으로 인해 거의 자력으로 교육의 장을 지켜온 이 같은 실천적 사례는 세계적으로 찾기 어려울 것입니다.

국가가 소수자의 민족교육의 권리를 탄압한 예로서는 구소련의 고려인에 대한 박해가 있습니다. 1937년 구소련은 "조선인은 일본인과 용모가 닮았다. 일본인의 스파이가 된다"는 혐의를 씌워 러시아 연해주에 살던 18만 명이나 되는 고려인을 중앙아시

아로 강제이주시켰습니다. 이 강제이주로 연해주에 380교나 있었던 민족학교가 폐쇄되었고 고려인은 민족의 정체성이라 할 수 있는 자신들의 말을 잃고 말았습니다. 또한 일제강점기 러시아 사할린에 강제동원된 조선인들이 세운 조선학교는 1963년 내려진 '조선학교 폐쇄령'으로 당시 32개 교(초등 10교, 중학교 11교, 고등학교 11교, 학생 수 7천 명 이상)였던 모든 학교가 폐쇄되고 말았습니다. 그러나 약 60년 뒤 러시아 정부는 '고려인명예회복법안'을 채택해 강제이주의 불법성을 인정하고 고려인의 민족교육 지원을 결정해, 현재 몇 군데 공립학교에서 조선어를 정식 과목으로 가르치고 있습니다. 민족교육이 부활한 것은 기쁜 일이지만, 60년에 걸친 민족교육의 단절은 조선말을 할 줄 모르는 많은 고려인을 낳았습니다.

그리고 세계 각지에서 외국인학교가 증가한 것은 제2차 세계대전 후입니다. 외국인학교라는 호칭에서 주로 외국인이 다니는 이미지가 연상되지만, 세계에는 각 국가, 국제기구가 해외에 만든 학교에서 이민자나 종교 단체가 만든 학교까지 다양한 외국인학교가 존재합니다. 또한 캐나다처럼 공교육에 편입된 경우, 중국과 한국과 같이 공교육 제도에서 제외되어 있는 경우, 독일과 프랑스처럼 편입과 제외의 경우가 공존하는 경우 등 각국의 외국인 정책에 따라 학교에 대한 대응도 상이합니다.

일본에는 현재 약 200개의 외국인학교가 있는데, 독자적인 커리큘럼을 만들어 가르치는 외국인학교는 공교육 시스템에서 제외되어 있습니다. 즉, 외국인학교는 정식 학교로 인정되지 않고 있기 때문에 졸업 자격이 인정되지 않고, 정부의 보조금에도 한계가 있습니다. 그 결과 학교의 부지 확보, 학교 운영을 위한 기부금 모금, 교원 육성, 교재 확보 등에 있어 모든 외국인학교가 어려움을 겪고 있습니다. 외국인이 계속 늘어가는 가운데 그들의 교육 수요의 증가로 외국인학교 설립의 필요성은 높아가고 있지만, 이러한 필요성을 반영한 법률이 정비되어 있지 않아 일본에서의 외국인학교의 운영은 대단히 힘든 상황입니다.

더욱이 조선학교는 '고교 무상화'에서 배제된 것처럼, 일본 정부로부터 특별히 적대시되는 이중의 차별을 당하고 있습니다.

조선학교가 열악한 환경 속에서도 학교를 운영해 올 수 있었던 것은 아이들을 뿌리로 잇게 해주는 우리말을 가르쳐야 한다는 보호자들의 간절한 심정과 그 심정에 응하기 위해 교단에 서는 교원들, 학교 운영을 돕는 재일조선인들의 각별한 노력들이 있었기 때문입니다.

차별과 곤궁 속에서도 맥을 이어 온 조선학교의 역사는 지금 세계적으로도 주목받는 '민족적 소수자의 교육권 문제'와 '식민주의의 극복'이라는 인류가 안고 있는 보편적 과제와 문제 제기에 대한 귀중한 대답이라 말할 수 있겠습니다.

> **Note_** 4) 외국인학교의 교육 내용을 통제하기 위해 일본 정부가 1966년 제시한 법안. 1966년경부터 1971년경까지 재일조선인의 강한 반발과 항의로 입법이 무산되었다.

[참고문헌]

우리학교를기록하는회, 『조선학교는 어떤 곳?』, 사회평론사, 2001.

김덕룡, 『조선학교 전후사 −1945∼1972』, 사회평론사, 2004.

후쿠다 세이지, 스에후지 미츠코, 『세계의 외국인학교』, 동신당, 2005.

박삼석, 『교육을 받을 권리와 조선학교』, 일본평론사, 2011.

사노 미치오 편, 『재일조선인교육관계자료』, 녹음서방, 2012.

타나카 히로시, 『재일외국인 제3판−법의 벽, 마음의 벽』, 이와나미신서, 2013.

카지이 노보루, 『도립조선인학교의 일본인 교사 −1950∼1955』, 이와나미현대문고, 2013.

ウリハッキョをつづる会 『朝鮮学校ってどんなとこ?』 社会評論社 2001年

金徳龍 『朝鮮学校の戦後史−1945∼1972』 社会評論社 2004年

福田誠治,末藤美津子著 「世界の外国人学校」 東信堂 2005年

朴三石 『教育を受ける権利と朝鮮学校』 日本評論社 2011年

佐野通夫(編) 『在日朝鮮人教育関係資料』 緑蔭書房 2012年

田中宏 『在日外国人 第三版―法の壁,心の溝』 岩波新書 2013年

梶井陟 『都立朝鮮人学校の日本人教師−1950∼1955』 岩波現代文庫 2014年

〈삽화로 보는 조선학교〉

2부
나와 조선학교

※에세이 중 리명옥 씨 글을 바탕으로 만화가 윤병호 씨가 그렸다.

삽화 _ 윤 병 호

1976년생, 프리랜서 그림쟁이
[똥파리] [4교시 추리영역] 외 다수의 영화 콘티 제작
〈단바망간기념관 살리기 캠페인〉 홍보 만화 포스터 제작

교실이다.

만삭인 어머니가 치마저고리를 입은
모습으로 칠판 앞에 서 있다.

수업받는 언니 오빠들이 우릴 보고 손을 흔
들어 준다.

나의 기억 속에 처음으로
등장하는 조선학교의
모습이다.

정말 아무것도 없던 해방 직후에

먹고들 해

힘이 있는 사람은 힘을,
돈이 있는 사람은 돈을

지식이 있는 사람은 지식을
모아 만들었던 조선학교는

아. 예.
고맙습니다

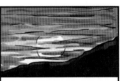

시련을 겪으면서 오늘까지
우리 아이들과 함께하고
있다.

나 잡아 봐라~!!
헤 헤

나는 조선학교에서 또래 동무들과 함께 아주 천천히
그리고 따뜻하게 민족이라는 것이 긍정적인 의미로
각인되어가는 시간을 보낼 수 있었다.

도꾜조선중고급학교에서 고3 때
담임선생님을 인상깊이 기억하고 있다.

명옥이는
끝나고
교무실로 좀 와.

저요?

1950년대 말

원래 교육받은 동포들이
많지 않아서 대학생들이
임시로 교단에 섰었다.

담임선생님도 그때 교원이
라는 직업에 매료되어 30
년을 교단에서 보내셨다.

농학부 좋지. 그런데 식물은 말도
안 하고 1년에 한 번 변화를 확인
할 수 있거나 또는 아예 변화가
없거나 그런 거 아니겠니?

난 고3 5월에
뒤늦게 대학 진학을
결심했다.

선생님 생각에 너한테는 식물보다
말도 하고 하루가 다르게 변화를
보이는 사람을 키우는 일이 더
어울리지 않을까 싶은데 너는
어떻게 생각하니?

명옥아
교무실로 와

또?
네.
또?

교무실

내가 한 가지 아쉽고 학생들에게 미안한 일이 있다면 그것은 내가 지금 일본어를 가르치는데 일본어를 전공한 사람이 아니라는 점이야. 어느 순간 전문가가 아니라고 느낄 때가 한두 번이 아니었어. 일어과에 들어가서 교원이 되어주렴.

명옥아~
또??

내가 이 자리를 내주마
교무실

그렇게
나는 넘어갔다.

그래!
결심했어!

일본 대학 다닐 때 교원 면허를 따기 위해 교육 실습이 필요했고

내가 다닌 대학에서는 조선학교에서의 실습을 학점으로 인정해 주지 않는다고 선배한테 들어서 알고 있다.

교직원 과정과

왜 모교에서 실습을 못하는데?

글쎄 조선학교니까...

조선학교라는 게 어때서? 우리랑 똑같이 시험 보고 들어왔는데, 왜?

그래, 밑져야 본전이지.

다음 분 오세요.

이거 작성해 주세요.

여기는 학교가 아니라서 학점 인정 못 해줍니다.

학교가 아니라니 무슨 말씀이세요? 저는 이 학교를 나왔고 이 학교 졸업 자격으로 입시를 보고 들어왔어요. 한 번 확인만이라도 해 주세요.

그게 어떻게 인정됐는지는 모르겠고 애당초 거기 선생님들이 무슨 자격으로 교사라고 하시나요?

교직원 과정을 담당하는 분들이 그것도 모르세요? 무식하기는... 재수없어..

일본 교사 면허증 따기는 글렀다고 생각했다.

캠퍼스 화장실에서 차별적인 낙서가 발견됐다.

부락해방연구회 친구들과 항의하러 담당자를 찾아갔다.

어떻게 이런 일이 있을 수 있죠?

차별 사건이 일어나면 선처하겠습니다.

같은 공간에 있는 사람에 대해서도 알지 못하고 알려고도 하지 않고 실질적으로 배제하고 있다는 사실도 인식하지 못하는데, 당신들이 무엇이 차별이고 분간할 수나 있을까요?

전혀 정연하지 못한 말들의 나열로 간신히 주장했다. 노력하겠다는 대답만 듣고 나왔다.

며칠 뒤에 교원실습 담당자로부터 전화가 왔다.

따르르릉
따르르릉
따르르릉

탁

실습학점에 관해서는 우리들도 처음 알았는데 권한이 완전히 대학에 있다고 합니다. 따라서 저희가 조선학교 에서의 실습을 학점으로 인정해 드리겠습니다.

오늘날 일본 극우의 증오 범죄와 조선학교를 고교 무상화에서 배제하는 일들을 보면 그때의 기억이 되살아난다.

〈에세이로 읽는 조선학교〉

3부

조선학교 이야기

나와 조선학교

저자 _ 리 명 옥
1968년생
오사카에 거주하며 한글 강사와 통번역사로 일하고 있음

나와 조선학교

첫 기억

교실이다.

만삭인 어머니가 치마저고리를 입은 모습으로 칠판 앞에 서있다. 두 살 터울인 언니와 나는 바닥에 발이 닿지 않는 의자에 나란히 앉아 주위를 두리번거린다. 수업을 받고 있는 초급부 언니, 오빠들이 이따금씩 우리를 쳐다본다. 우리와 눈이 마주치면 아주 작게 손을 흔들어 보이거나, 씽긋 웃어주고는 교단에 서있는 우리 어머니의 눈치를 살피곤 한다.

나의 기억 속에 처음으로 등장하는 조선학교의 모습이다.

재일동포 2세인 어머니는 교또조선중고급학교에서 고등학교 과정을 마친 후, 당시 급했던 조선학교 선생님들을 키우기 위해 만들어진 '교원양성소'를 거쳐 스무 살 나이 때부터 초급학교 선생님이 되셨다.

출산휴가 중이었던 어머니가 갑작스런 사정 때문에 출근이 어려워진 선생님을 대신해 며칠 동안 수업을 했던 때가 있었다고 하신다. 아이들을 맡길 곳이 없어서 수업하는 교실까지 우리를 그냥 데리고 가셨던 것이었다. 그때의 기억이다. 내가 만 세 살이 되기 전의 일이었다.

외할머니의 비뚤비뚤 한글

재일동포들이 집안 내력을 이야기할 때 "우리 집은 양반이었는데…"라는 말을 하곤 한다. 남들은 진위 따위는 알 수가 없고 현실적인 이득도 별로 없어 보이는 그런 주장을 들을 때마다 왠지 좀 씁쓸하다. 식민지 종주국에서 사는, 식민지를 겪어본 피식민의 후손들은 그렇게라도 자존심을 달래 주지 않을 수가 없었던 것이 아닐까 상상해 본다. '비록 하찮은 조선인이긴 하지만 그래도 조금은 나은 조선인'이라는 주장으로 들려서 사춘기를 전후한 시절에는 특히 정말 듣기 싫은 말이었다.

1970년대부터 80년대를 조선학교에서 지낸 우리 세대한테 조상님이 양반이었건 빈농이었건 "내가 조선사람이다"라는 당당함에는 아무런 영향을 주지 않는다. 우리 세대 조선학교 출신자들 속에서는 "우리 집안 양반이다"라는 말은 거의 우스갯소리다. 그래서 이런 말을 하기가 좀 그렇지만 우리 외할머니는 양반집 딸이었다.

외할머니네 몰락한 양반 일가는 그동안 일을 열심히 해서 돈을 모아둔 머슴에게 족보를 판 돈으로 일본에 건너왔다고 한다. 외할머니가

12살이 되시던 해였다. 그 나이에 일본에 오자마자 바로 비행장 닦는 일을 하셔야 했다. 외할머니는 똑같이 몰락한 양반 집안의 아들과 결혼해 아이 셋을 낳아 키우는 동안에도, 해방 후 서른 살에 과부가 된 후에도 계속 손에서 일을 놓으신 적이 없었다. 험한 시절 늘 누군가를 먹여 살리기 위해 남자들도 어려워하는 힘든 노동을 골라가면서 일을 하셨다.

조선사람들이 어렵게 사는 동네에서 우리 어머니 나이에 고등학교를 나온 사람은 신동으로 이름난 남학생 한 명과 어머니 둘 뿐이었다고 한다. 외할머니는 자식들 교육에 대단한 열정을 기울이셨다. 그렇지만 정작 당신은 한 번도 학교를 다녀보지 못하셨다. "느그들처럼 핵교 마이 댕기면 할매는 총리대신 됐겠다"고 늘 말씀하시곤 했다. 그냥 공부를 더 열심히 하라고 잔소리하시는구나 싶어서 그때마다 건성으로 흘려 듣는 말이었다.

중학교 다닐 때 여름방학에 언니와 둘이 외할머니 집에 놀러갔다. 밥을 먹고 뒷정리를 한 뒤 텔레비전을 보고 있는데 할머니가 이리 와서 좀 보라고 하시면서 거실 옆 평소 잘 쓰지 않는 방으로 들어가셨다. 가보니까 선물용 포장을 까놓은 통조림과 음료수, 화장품, 김과 녹차 등등이 수북이 쌓여있었다. 깜짝 놀라서 왜 안 드시고, 안 쓰시고 이렇게 쌓아두셨느냐고 언니와 나는 번갈아 가며 여쭤보았다.

이모도 외삼촌도 어머니도 이웃의 고마운 분들도 외할머니를 위하는 마음으로 선물을 드렸겠지만, 안에 뭐가 들었는지 사진도 없이 세련된

디자인에다가 글자로만 내용물 표기를 한 물건들을 까볼 용기도, 주변 누군가에게 물어볼 용기도 할머니에게는 없었던 것이다. 유통기한을 여러 해 넘긴 것들도 많았다. 일단 버려야 할 것은 다 버렸다.

그러고 나서 무슨 캔, 무슨 병, 무슨 상자라고 외할머니가 알아보시게 하자면 어떻게 해야할지 궁리를 하는데, 할머니가 이렇게 적어주면 된다며 유성펜으로 비뚤비뚤 한글을 쓰시는 것이었다. 완전히 까막눈인 줄 알았던 할머니가 실은 간단한 한글을 읽고 쓸 줄 아셨던 것이었다. 나와 언니는 바른 맞춤법에 따라서가 아니라, 할머니의 감각에 맞춰 이름들을 다 적었다.

한글은 일본에서 먹고 살아가는 데 도움이 되지는 않았을 것이다.

기한이 지나 못 먹게 되거나 못 쓰게 된 물건들을 버리면서 외할머니의 그동안의 말 못할 자존심과 가슴에 묻어온 설움, 갈망에 대해 생각했다.

조선학교는 우리 할머니와 같은 분들의 아픔과 희망 없이는 시작도, 지속도 하지 못했을 것이다.

조선유치원과 어머니

나는 조선학교에서 '재일동포'라는 배경을 가진 윗세대 선생님들, 또 또래 동무들과 함께 아주 천천히 그리고 따뜻하게 '민족'이라는 것이 긍정적인 의미로 각인되어가는 시간을 보낼 수 있었다.

할머니의 자존심과 설움, 갈망, 그리고 삶. 조선학교에서 배우지 않았더라면 내가 그 의미를 알고 그 곁에 자연스럽게 다가갈 수는 없었을 것이다. 고맙게 생각한다.

정말 아무것도 없었던 해방 직후에 "힘이 있는 사람은 힘을, 돈이 있는 사람은 돈을, 지식이 있는 사람은 지식을" 모아 만들었던 조선학교는 몇 차례 시련을 겪으면서도 오늘까지 우리 아이들과 함께하고 있다. 그 조선학교 역사 속에 내가 자라온 과정과 우리 아이들의 오늘이 있다.

나는 네 살 나이에 그 때까지 살았던 교토를 떠나 도쿄 근교의 사이타마라는 곳으로 이사를 갔다. 마침 그곳에 조선유치원을 만들려고 하던 때였다. 유치원 선생님 경험자도, 전문교육을 받은 사람도 없어서 초급학교 교사 경험자들이 모였다. 우리 어머니도 함께하셨다.

개원 2년째부터 원장을 맡게 된 어머니는 아기였던 내 동생이 "어떻게 컸는지 기억이 없다"고 하실 정도로 유치원 운영에 몰두하셨다. 매일 바쁘셨지만 일단 유치원 아이가 다치기라도 하면 물론 병원에도 데리고 가고 부모를 만나러 가셔서 귀가가 늦어지셨다. 어머니도 아직 30대의 젊은 나이였지만 더 젊은 선생님들의 실연 문제나 심지어 모녀 다툼에까지 불려 나가실 때도 있었다. 그런 날에는 초급학교에 갓 입학한 언니가 밥을 해주곤 했다. 어림짐작으로 지어준 밥은 진밥이면 다행이지 늘 설익어 눈물 날 때까지 씹어야 목구멍을 넘어갔다.

그렇게 어머니가 늦게 들어오신 어느 날 아버지 또한 늦으셔서 두 분이 늦은 저녁 식사를 드시면서 나누는 이야기 소리가 들렸다. 유치원에서도 부르는 노래 중에 국가원수를 '우리의 아버지'라고 부르는 구

절이 있었다. 한 아이가 집에서 이 노래를 부르는 것을 듣고 열 받으신 그의 아버지가 유치원에 찾아와 "얘 아버지는 나다!"라고 버럭 화를 냈다는 것이었다. 그래서 어머니의 귀가가 그날도 늦어졌다. "'우리의 아버지'라고 해도 그게 친아버지가 아니라는 건 초급부생인 나도 아는데, 그런 것 가지고 우리 어머니 잡지 마세요!" 나도 그렇게 버럭 화를 내고 싶은 심정이었다. 언니 밥은 또 된밥이었다.

즐거웠던 유치원에서의 기억들

일본인도 아니고 제 나라에서 나서 자라는 조선아이도 아닌 재일동포 아이들을 위한 노래, 춤, 놀이, 그리고 급식이나 간식 식단에 이르기까지 선생님들도, 부모들도 세심한 연구와 노력을 아끼지 않으셨다. 선생님들은 평양으로 연수를 떠나기도 했고, 일본 유치원 선생님들의 수련회에도 부지런히 참가하셨다.

엄마들은 손수 만든 인형으로 온 세상의 옛 이야기를 인형극으로 보여 주셨고, 선생님은 당시 일본에서 문제가 되어있던 바다 공해 문제를 유치원 아이들도 알기 쉽게 가르쳐 주시기도 하셨다.

나는 유치원 운동회 날 치마저고리를 입고 춤춘 농악이며 몇 번이고 연습했던 단심 줄놀이가 제일 인상에 남아있다. 또 설날에 떡국을 끓인다고 유치원에서 키운 닭을 잡은 일이 있었던 것도 기억난다. 시골에서 자라서 그런 일을 할 줄 아는 한 어머니가 닭을 잡으시는데 이걸 숨어서 지켜봤던 아이들은 그 어머니를 볼 때마다 '닭 죽인 어머니'라고 자꾸 부르고 떠들어댔다가 선생님한테 혼쭐이 났었다. 유치원은 늘 재미있는 곳이었다.

전철역의 오빠들

내가 사이다마조선초중급학교라는 초중 병설이 된 조선학교에 입학한 해가 조국이 해방된 지 마침 30년째가 되는 해였다. 선생님들은 절반 이상이 1950년대에 설립된 조선대학교를 졸업한 재일동포 3세들(?)이셨다.

한 동네에 사는 일본사람들과는 정말 잘 지냈지만, 교복을 입고 학교를 다닐 때에는 장갑차처럼 생긴 우익 단체 선전차가 일장기를 휘날리면서 확성기로 "조선에 돌아가라"느니 "조선인 죽어라"느니 고함으로 내지르면서 지나가는 일이 다반사였다.

이전 일왕의 생일이었던 4월 29일이면 해마다 주변 일본 학교에 다니는 이른바 불량학생들이 자기들 가운데 대장을 결정하기 위해 '촌 가리'를 한다는 제보가 지역 경찰서에 들어왔다. '촌'은 조선인을 비하하는 호칭이고, '가리'는 사냥을 뜻하는 일본말이다. 그런 날은 형사와 선생님들 인솔 아래 집단으로 등하교를 했다.

전철역에 가면 사이다마초중을 졸업하고 도꾜조선고급학교에 다니는 오빠들이 서성거리는 모습이 보인다. 우리를 보면 다가와서 머리를 쓰다듬어 주며 "오늘 조심해야 하는 거 알지?", "착하게 바로 집에 가야 돼", "숙제 잘 해라", "선생님 말씀 잘 들어라" 한다. 우리에게는 그저 다정한 동네 오빠들이다.

그렇지만 우리는 오빠들이 뭐 하러 나왔는지 알고 있었고, 교복 옷깃을 높게 세운 오빠들의 검정 교복 안감이 반들반들한 비단 천 인데다가 금실 은실로 문신 같은 자수가 새겨져 있다는 것도 알고 있었다. 그 때를 떠올려도 이상하게도 무섭거나 두려움이라고는 하나도 없다.

우리 세대가 아마도 영화 「박치기」에서나 볼 수 있는 주먹질로 세상을 만났던 시절의 끝자락이었다고 생각한다.

조선인 따돌림…그런데 우리 속에도

내가 초급학교 4학년 때 사이타마에서 일본 학교에 다니는 재일조선인 중학생이 자살하는 사건이 있었다. 동포 중학생의 자살이라는 사실만으로 충분히 놀랍고 가슴 아픈 사건이었는데, 조선인이라는 이유 때문에 지속적으로 따돌림을 당하고 폭행을 당하다가 견디지 못 해 끝내 목숨을 끊고 말았다는 소식을 듣고 정말 억장이 무너질 것만 같았다.

보도로 사건을 접한 몇 달 뒤, 그 중학생의 동생이 우리 학급으로 전학을 왔다. 집에 놀러가서 그의 형의 영전에 과자를 나누고 향을 올린 적은 있었지만, 평소에는 다른 일본 학교에서 들어온 '편입생'들과 똑같이 대했다. 국어 시간은 다른 교실에서 특별 수업을 받았지만, 다른 시간에는 교실에서 같이 수업을 받았고 옆에 앉은 동무가 통역을 했다. 그렇게 겉으로는 모두 그 사건을 잊은 듯이 지내고 있었다.

시간이 흘러 중학교 입학을 앞둔 시기부터 중 2의 겨울까지 내 주변에서는 여학생들이 번갈아 가면서 한 아이를 집단으로 따돌리는 일이 계속되고 있었다.

나도 표적이 된 일이 있었다. 학교에서 투명인간이 된 것 같은 한 달을 경험했다. 완전한 투명인간이 아니라는 것은 가끔씩 들려오는 수군거림과 흘겨보는 눈길 때문에 의식할 수 있었다. 그 상황의 원인도, 시작도 기억에 없다. "선생님께 들키지 않았으면 좋겠다. 같은 학교에 있는 언니나 남동생이 몰랐으면 좋겠다". 그런 생각밖에 나지 않았다.

어느 날 고개를 떨구고 교실에 소리없이 들어갔는데 동무들이 '안녕' 하고 인사를 건네왔다. 왕따는 그렇게 갑작스럽게 끝났다.

지금도 그때의 손발 끝이 저려올 것 같은 절망스러운 감각을 생생하게 떠올릴 수 있다. 그래서 그런지 또 다른 동무가 왕따를 당했을 때 비겁하게도 그 분위기를 거역할 용기가 나지 않았다.

자연스럽게 시작되고 끝나는 것처럼 보였던 왕따였지만, 중 2가 되면서 표적과 따돌리는 방식을 결정하는 것은 늘 같은 친구라는 것을 알게 되었다. 그렇게 그동안 당해왔던 우리들의 보복이 아주 긴 왕따의 형태로 시작되었다. 거의 모든 아이들이 초급학교 1학년 때부터 같이 지내온 사이였다. 초급학교 시절에는 친형제처럼 지냈는데 너무하지 않을까, 이젠 끝내야겠지라고 생각하면서도 끝내자는 말을 꺼낼 용기 또한 누구에게도 없었다.

그러던 차에 화이트데이 날이 다가왔다. 형을 왕따로 잃었던 그 동무가 캔디 꽃다발을 들고 마지막 표적이 되어있던 그 친구 앞에 섰다. "이거 받아 줄래?"라고 한마디만 하고는 수줍게 웃었다. 그렇게 형을 잃고 전학 온 그는 우리들이 여러 해 동안 해 온 일들을 보고 있었던 걸까. 그냥 그녀를 좋아해서 분위기 파악 못한 채 고백을 했던 걸까. 아무도 확인하지 않았지만, 그것이 우리들의 마지막 따돌림이 되었고 나는 수십 년 동안 말 못할 부끄러움과 미안함과 고마움을 품고 살다가 어른이 되었다. 나만이 아닐 것이다.

소중한 선생님들

사이다마학교를 떠올릴 때 생각나는 두 분의 선생님이 계신다. 한 분은 미술관을 꾸준히 견학시켜 주신 미술 선생님이시다. 선생님이 데려다 주신 작은 화랑에서 일리아레핀의 '코사크' 그림을 처음으로 보았다. 그때의 떨림이 오늘도 생생히 남아있다. 동무들끼리 미술관이나 박물관을 찾는 재미는 초중 시절 선생님들께서 가르쳐 주셨다.

또 한 분은 우리말 교육을 좋아하시고 열심히 가르쳐 주셨던 당시 교장 선생님이시다. 조선학교는 일본어 과목 이외의 모든 과목을 우리말로 진행하지만, 아무래도 생활에 쓰는 어휘나 표현이 부족했다. 교장 선생님께서 직접 철필로 쓰시고 인쇄한 교재로 초 1부터 중 3 학생들까지 다 같이 공부하고 매달 시험을 쳤다.

중 3때에는 매일 점심시간마다 우리 교실에 도시락을 들고 오셔서 함께 수다를 떨면서 밥을 먹었다. 교장 선생님은 1세이셨기 때문에 지금 돌이켜 보면 그 점심시간은 우리들에겐 정말 귀한 시간이었다.

그 다음에 3년을 보낸 도꾜조선중고급학교에서는 고 3때 담임선생님을 인상깊이 기억하고 있다. 1950년대 말에 북으로 귀국하는 길이 열려 귀국하기 위한 준비로 자녀들의 우리말 교육을 희망하는 사람들이 늘었다고 한다. 원래 교육을 받은 동포들이 많지 않아서 안 그래도 부족했던 교원이 더더욱 부족해져서 대학생들이 임시로 교단에 섰던 시기가 있었다.

당시 대학생이었던 우리 담임선생님은 그때 교원이라는 직업에 매료되어 다니던 대학을 때려치우시고 그대로 30년 세월을 교단에서 보낸 분이셨다.

고 3의 5월이라는 파격적으로 늦은 시점에 대학 진학을 결심한 나는 농학부 입학을 목표로 뒤늦게 시작한 공부에 열중하고 있었다. 그런데 선생님께서 이 구실 저 구실을 붙여 나를 자꾸 교원실에 부르셨다.

"농학부 좋지. 그런데 식물은 말도 안 하고 1년에 한 번 변화를 확인

할 수 있거나 또는 아예 변화가 없거나 그런 거 아니겠니? 선생님 생각
에 너한테는 식물보다 말도 하고 하루가 다르게 변화를 보이는 사람을
키우는 일이 더 어울리지 않을까 싶은데 너는 어떻게 생각하니?"라는
식이었다.

"대학을 중퇴하고 교원이 되어 모든 순간에 최선을 다해 왔다고 생
각한다. 후회는 없다. 그렇지만 한 가지 아쉽고 학생들에게 미안한 일
이 있다면 그것은 내가 지금 일본어를 가르치는데 일본어를 전공한 사
람이 아니라는 점이다. 학생들을 가르치기 위해서 정말 열심히 공부했
지만, 어느 순간에 나는 전문가가 아니라고 느낄 때가 한두 번이 아니
었다. 조선대학교에는 아직 일어과가 없다. 어디든 일어과에 들어가
서 교원이 되어라. 내가 이 자리를 내줄 테니까 일어를 전공한 일본어
교원이 되어서 돌아오너라".

매일매일 나를 부르시고는 그런 말씀을 하셨다. 그렇게 나는 넘어갔다.

일본어 교사가 되어 돌아오다

일본에서 4대째, 5대째 내려오면서 일본어를 기본 언어로 사용하며
사는 우리 아이들이 지식을 넓히고, 정서를 키우고, 또 우리말을 더 잘
하기 위해서 일본어 교육을 소홀히 해서는 안 된다고 거듭 말씀하셨다.

4년이 지나서 한참 모자란 교원이지만, 일어를 전공해서 모교로 돌
아갔다.

선생님들이 무슨 모임이 있을 때마다 주제가처럼 부르는 '인민 교원의 노래'라는 노래를 나도 따라 배웠다.

"한 그루 나무에도 정성을 담아
무성하게 자라서 숲을 이룬다
푸른 산맥 되라고 바라는 이 마음
나라의 초석으로 키우는 이 기쁨"

학생을 나무에 빗대어 노래하는 가사를 부를 때마다 꼬박 담임선생님 얼굴이 떠올랐다.

올해 큰딸이 졸업한 오사까조선고급학교에는 매력적인 일어 선생님이 계신다. 도서실 담당도 하시는 그 선생님이 추천하신 책을 학생들이 앞다투어 읽는다고 한다. 내 딸도 재학 중에는 선생님께서 소개해

주신 책은 다 좋다고 100퍼센트 믿는 태세였다. 일어를 전공하신 일어 선생님이시다.

나는 내 욕심을 채우기 위해 가끔 선생님을 뵈러 도서관에 간다. 도서실에 책을 기부하겠다는 핑계로 책을 들고 가서 선생님이 잡담 삼아 말해 주는 수업 이야기이며, 책을 읽는 학생들의 감상을 조금씩 듣는 일을 은근히 즐기고 있다. 그래서 딸은 졸업했지만, 요즘에도 학교에 가져갈 책을 계속 모으고 있다.

올해가 나에게는 조선학교 학부모로서 16년째가 되는 해다.

조선학교는 학교가 아니다?

내가 조고까지 조선학교를 다닌 후 일본 대학에서 공부할 때 이런 일이 있었다. 교원 면허증을 따기 위해서는 교육 실습이 꼭 필요하다. 대학 친구들은 모두 모교에서 실습을 한다. 내가 다닌 대학에서는 조선학교에서의 실습을 학점으로 인정해 주지 않는다고 같은 대학을 다닌 선배한테 들어 알고 있었다. 다른 학교에서 실습을 할 수 있게 소개해달라고 대학 측에 부탁을 해야한다. 교직원 과정과라는 부서를 찾아가니 그 자리에 있던 친구들이 왜 모교에서 실습을 못 하느냐고 물었다. "글쎄, 조선학교니까…"라고 어정쩡하게 대답을 하는데 "조선학교라는게 어때서? 우리랑 똑같이 시험보고 들어왔는데 왜?"라고 또 한 친구가 묻는다.

생각해 보니까 그렇다. 왜 안 되는걸까? 밑져야 본전이지 싶어서 교육 실습 학점을 신청해 보기로 했다. 신청서에 쓰인 조선학교 이름을 본 담당자는 "여기는 학교가 아니라서 학점 인정을 못 해준다"고 했다. "학교가 아니라니 무슨 말씀이세요? 저는 이 학교를 나왔고, 이 학교 졸업자격으로 입시를 보고 들어왔어요. 한 번 확인만이라도 해주세요"라고 부탁했다.

그러나 담당자는 막무가내였다. "그게 어떻게 인정됐는지는 모르겠고, 애당초 거기 선생님들은 무슨 자격으로 교사라고 하시나요?"라는 식으로 공격적으로 물어보는 것이었다. 말문이 막혔다. 화가 치밀어서 무엇을 어디서부터 설명해야 할지 도무지 생각을 정리할 수가 없었다.

"교직원 과정을 담당하는 분들이 그런 것도 모르세요? 무식하기는…. 재수없어…." 그렇게 그 방을 뛰쳐나와 버렸다.

면허증 따기는 글렀다고 생각했다. 일본 교사 면허증이 없어도 조선학교 교사는 할 수 있지만 조선대학에 가지않은 것만큼 그 정도의 준비는 해야겠지 싶었지만 그래도 어쩔 수 없다고 생각했다.

며칠이 지나 담당자가 전화를 걸어왔다. 교원 면허증은 지자체가 발행하지만, 실습 학점에 관해서는 그 권한이 완전히 대학에 있다는 것을 처음 알았다고 했다. 때문에 담당자는 태도를 바꿔 "저희가 조선학교에서의 실습을 학점으로 인정해 드리겠습니다"라고 말했다.

되풀이되는 차별과의 싸움

그 전화를 받기까지 이런 일이 있었다. 캠퍼스 화장실에서 또 차별적인 낙서가 발견되었다. 내가 다닌 대학에서 빈번히 있었던 '화장실 차별낙서 사건'은 "부락민과 재일조선인은 다 죽여 버려라"는 것이 대부분이었다. 우리나라 백정과 비슷한, 옛 신분제도에 연유되어 오늘까지 계속 차별의 대상이 되고 있는 '부락민'과 재일조선인에 대한 증오를 드러낸 내용이었다.

낙서가 발견될 때마다 '부락해방연구회'라는 단체 친구들이 항의하고 재발을 방지하기 위한 대책을 요구하러 대학 측 담당자를 찾아갔었다. 같이 갈 때도 있었고, 그 친구들이 알려주면 우리는 우리대로 따로 가기도 했다. 그렇게 다시 낙서가 발견되어 담당자를 찾아갔다. 늘 그랬듯이 "차별 사건이 일어나면 선처하겠다"는 대답이었다.

그래서 나는 얼마 전 조선학교는 학교가 아니라고 몰아붙이던 교직원 과정 담당자가 나에게 했던 말을 전하면서 "같은 공간에 있는 사람에 대해서도 알지 못하고, 알려고도 하지 않고, 실질적으로 배제하고 있다는 사실도 인식 못하는데, 당신들에게 무엇이 차별이고 아닌지 분간할 수 있는 능력이 있는 것같지 않다"는 내용으로 전혀 정연하지 못한 말들의 나열로 간신히 주장했다. 그때는 노력하겠다는 대답만을 받고 나왔는데, 그 며칠 뒤에 학점을 인정하겠다는 전화가 걸려왔던 것이다. 24년 전의 일이다.

오늘날 극우들이 거리를 활보하며 민족 차별적인 언행을 일삼는 이른바 '증오 범죄'나 일본 정부가 조선학교를 고교무상화제도의 대상에서 배제하는 등 우리들 주변에서 벌어지는 일들을 보면서 그때의 기억이 되살아난다.

고교 무상화와 끊긴 지방지차체 보조금을 쟁취하기 위해 우리는 일본 정부와 지자체를 상대로 소송을 일으켰다. 젊은 동포 변호사들과 조선학교 문제를 식민지 청산과 아이들의 보편적인 권리의 문제로 보며 함께하는 일본인 인권 변호사들, 그리고 지원해 주는 일본사람들에게 나는 늘 배우고 있다. 재판 방청을 갈 때마다 오랜 체증이 쑥 내려가는 것 같다.

24년 전의 나에게 "이렇게 싸우라"라고 귀뜸해주고 싶은 심정이다.

내가 바라는 아이들의 모습

내가 바라는 아이들의 모습은 자기 자신이 재일조선인이라는 사실을 아주 자연스럽게 받아들이고 일본사람들을 향해서도, 본국에서 나고 자란 동포들을 향해서도 자신 있게 말할 수 있는 그런 모습이다.

재일동포가 일본에서 지내온 이 긴 시간 동안에 할아버지, 할머니, 아버지, 어머니 세대들이 바라고 꿈꾸고 해 왔던 일에 대해서 잘 이해하고, 또 검토할 줄 알며, 사랑으로 고마워하고, 사랑으로 비판하면서 그렇게 새로운 세대의 한 걸음을 시작해 주기를 바라고 있다.

그리고 민족의 한 성원으로서 갈라진 조국을 이어주는 다리가 될 수 있는 능력과 마음을 아주 자연스럽게 키워 주고 싶다.

그래서 나는 우리말을 배우고 역사를 배울 뿐만 아니라, 같은 배경을 가진 아이들을 같은 배경을 가진 선생님께서 이끌어 주시는, 아이들이 진심으로 편히 지낼 수 있는 공간으로서의 우리학교가 너무 소중하고 고맙다.

중 3인 아들은 축구를 열심히 하고 있다. 소속하고 있는 히가시오사까조선중급학교 축구부는 지금 오사카 시내 중학교 가운데 2위의 성적으로 다음번 오사카부 전체 대회에 출전한다. 이전에 "학교 축구부에서 축구할래? 아니면, 클럽팀 시험 봐 볼래?"하고 아들한테 물어본 일이 있었다. 아들은 그때 학교 축구부에서 축구하는 게 좋다며 이렇게 나에게 말했다.

"학교 축구부에서 좋아하는 축구를 열심히 하면 동포들이 좋아해 주고 이기면 내가 아니라 '조선학교 장하다'라고 사람들이 말하잖아요? 그런 걸 보니까, 일석이조라서 더 좋아요"

이래서 나는 아이들 응원에 푹 빠져 우리학교와 더불어 즐거운 학부모 생활을 보낼 수 있는 것일 게다.

오랫동안 전후보상과 강제철거 반대를 위해 싸워온
교토의 재일조선인 마을 우토로

나의 사라진 고향들

저자 _ **구 량 옥**
1982년생
오사카에 거주하며 변호사로 활동 중임

나의 사라진 고향들

여러분에게는 고향이 있겠지요? 생각만 해도 어릴 적 추억들이 은은히 살아나는 보금자리. 즐거운 기억들이 주마등처럼 피어오르는 고향. 나에게는 고향이 세 곳 있었습니다. 이제는 모두 사라져 버린 고향. 그러나 이곳들이 나의 근본입니다.

첫 번째 고향 - 우토로

나에게는 '삶'의 고향이 있습니다. 세계적인 문화 도시 교토의 남쪽. 녹차 재배로 유명한 우지시 한복판에 자리잡은 우토로 지구로 불리는 곳입니다.

마을 입구에서 난 좁은 골목길을 똑바로 걷다가 돌다리를 건너서 소꿉친구네를 지나 돌담 넘어 널어놓은 마늘이랑 고추랑을 옆눈으로 보면서 구불구불 좀 더 걸어가면 우토로 동포들이 모이는 커다란 마당에 이르게 됩니다. 이곳이 내가 자란 고향, 우토로입니다.

이 마을은 전쟁이 끝나고 몇 십 년이 지난 뒤에도 식민지 시대의 참화를 품고 있습니다. 천진난만하게 뛰어 놀기만 했던 마을 곳곳이 강제동원으로 끌려온 1세 할아버지, 할머니의 신음소리가 들려오는 곳임을 나는 철부지 시절을 지나면서 차츰 알게 되었습니다.

돌이켜 보면 부모님 손에 이끌려 우토로의 참화를 호소했던 일도 있었습니다. 동포들은 우토로 한복판의 마당을 출발해 우지시 시내까지 진출해 시내를 빙빙 돌았던 적이 있습니다. 어른들은 뜻 모를 구호를 외쳤고, 풍선들이 여기저기 흩날렸습니다. 나는 그저 작은 왼손에 쥐어진 풍선이 좋아서 기쁨의 함성을 올리며 어른들의 대열을 쫓았던 기억이 있습니다. '토지 재판'의 승소를 위한 시위행진이었던 것을 나중에 알게 되었습니다. 우토로는 불법점거이니 토지를 명도하라는 요구를 받고 있었고 그 행진은 그 부당함을 호소하는 시위였습니다.

12살 때 정든 나의 삶의 고향 우토로를 떠나야 한다는 사실을 알게 되었습니다. 그즈음 나는 우토로 토지 재판이 벌어지고 있다는 사실을 어렴풋이나마 알고 있었습니다. 어째서 우리 할아버지, 할머니들이 피고석에 앉아야만 하는지, 그 구부러지고 가는 등을 바라볼 때마다 어린 마음에도 가슴이 찢어질 것만 같았습니다.

왜 이제 와서 마을에서 나가라고 하는가, 제 마음대로 끌고 올 때는 언제고 이번에는 나가라니. 어렸던 나는 사정을 상세히는 알 수 없었지만 많은 것을 생각하고 느꼈던 것같습니다.

"우리의 고향 우토로"

"죽어도 안 떠난다"

"우토로에서 태어났다. 우토로에서 죽겠다"

　재판이 진행되는 동안, 그리고 일본의 대법원에서 패소가 확정되어 강제 퇴거의 집행 단계에 이를 때까지 우토로 곳곳에는 우토로 동포들이 손수 만든 구호 간판들이 즐비하게 서 있었습니다. 전쟁이 끝난 지 60년 이상이 지났음에도 내 고향 우토로는 아직도 전쟁 한가운데에 있었습니다.

　우토로 문제는 토지 일부를 사들이는 방법으로 해결되었고, '마을 만들기'라는 일본 행정의 마을 도시화 재생 계획이 추진되고 있습니다. 한국 시민들의 많은 관심과 도움이 있었고 덕분에 우토로는 최악의 상태에서 벗어날 수 있었습니다. 그러나 강제 퇴거가 언제 들이닥칠지 모르는 불안과 공포로 많은 우토로 동포들은 이미 우토로를 떠난 뒤였습니다. 그 속에 나와 내 가족도 있었습니다.

　　　　　　　　우토로는 사라졌습니다. 내 삶의 고향은 이렇게 빼앗겼습니다.

©임재현

두 번째 고향 - 조선학교

나에게는 '배움'의 고향이 있습니다. 난생 처음 '가나다라'를 배우고 '우리나라'를 알게 되고, 왜 내가 일본에서 구량옥으로 태어났는지를 알게 해 준 고향입니다. 바로 초등학교 시절을 보낸 '교토 조선 제1초급학교'.

비록 학교 건물은 초라하고 운동장도 제대로 없는 학교였지만 나에겐 세상에 단 하나밖에 없는 정든 배움의 요람입니다. 그리고 이곳이 바로 2009년 '재특회(재일의 특혜를 용납하지 않는 회)'라는 우익들의 습격을 받은 곳입니다.

일본 보육원을 다닌 나는 어째서 내 이름이 친구들과 다른지, 왜 부모님을 오또오상, 오까아상이라 부르지 않고 '아버지', '어머니'라고 불러야 하는지, 낮잠 이불에는 히라가나로 'ぐ りゃんおぎ'(구량옥이)라는 어린 일본 벗들은 제대로 부르지도 못하는 이름을 적어야 하는지 모두가 의문일 뿐이었습니다.

"나는 좀 다른가요? 나는 좀 이상한가요?"

그러나 내 모교는 이런 의문들을 말끔히 풀어 주었습니다. 일본 보육원에 가기 싫다고 투정해 어머니 속을 태우던 내가 겨우 내가 있어야 할 자리를 찾은 셈이었습니다.

벗들은 모두가 우리 이름과 우리 성을 갖고 있고, 일본식 이름이 아닌 것이 이상하지도 부끄럽지도 않다는 것을 가르쳐 준 곳. 아무런 설명을 하지 않아도 모두가 나를 '량옥이'라고 불러주는 정다운 곳. 벗들과 뛰어놀며 장난치고 숨바꼭질하다가 선생님한테 꾸지람 받았던 추억들, 단아한 교실, 책걸상, 계단, 콘크리트 벽에 새겨진 금. 그 하나하나에 즐거운 추억이 깃든 곳. 이곳은 어리던 내 가슴에 자신의 근본과 민족의 넋을 심어준 고향입니다.

그런데 이곳이 2009년 12월, 2010년 1월과 3월 세 차례에 걸쳐 '재특회'라는 자들의 습격을 받았습니다. 이들은 어린 재일동포 자녀들이 배우는 교사 바로 앞에서 대낮에 1시간 동안이나 확성기를 들고 "스파이 양성기관이다", "스파이의 아이들이다", "학교가 아니다", "김치 냄새 난다", "일본에서 나가라"는 등의 온갖 차별적 발언으로 헤이트 스피치를 자행했습니다. 그야말로 아이덴티티의 살인이었습니다.

이 사건은 마침 내가 변호사 등록을 마친 그달에 일어났습니다. 나는 변호인단을 꾸려 '재특회'에 대한 고소와 민사재판 등의 법적 조치에 들어갔습니다.

그에 앞서 얼마나 많은 갈등이 있었는지 모릅니다.

우익들의 공격을 받은 구 교또조선제1초급학교의 운동장과 교사 전경 ©Kazuhiro Nakayama

2009년 12월 사건 당시, 학교의 요청을 받아 10분 만에 도착한 경찰관들은 차별적 발언과 학교 소유물을 파괴하는 범죄행위가 눈

앞에 펼쳐지고 있는데도 수수방관하였습니다. 그들의 악의에 찬 행위를 막기는커녕 오히려 소란을 알고 달려온 동포들이 참다못해 반론하려는 것을 막는 지경이었습니다. 이렇게 경찰이 있는 앞에서 재특회의 만행은 1시간이나 이어진 것입니다. 사건이 있은 후 수년이 지나 겨우 이들 재특회 멤버들에 대한 형사사건에 대해 유죄판결이 내려졌습니다. 그러나 모욕죄, 기물파손죄, 영업 방해 등의 극히 가벼운 죄였습니다.

경찰은 그날 그 자리에서 체포가 가능한 상황이었음에도 불구하고 그들의 범죄행위를 수수방관했고, 이를 본 학교 관계자들은 우리에겐 인권조차 없다고 절망했습니다. 사건 직후 고소를 하려해도 접수조차 거부하려는 검찰청의 태도에도 망연자실했습니다. 변호인단과 당사자들이 몇 차례나 검찰에 그 피해를 절실히 호소하고 협의를 수차례 거친 뒤에야 겨우 접수가 되었습니다. 그리고도 실로 약 6개월 동안이나 조사가 이루어지지 않는 그런 상황이었습니다.

그런 사이에 '재특회'의 두 번째 습격이 일어났고 학교는 그야말로 큰 혼란에 빠지고 말았습니다. 안심할 수 있는 배움의 마당이 한순간에 치열한 전쟁터로 또 한 번 바뀌었습니다. 학교가 두 번째 습격을 받은 뒤에야 겨우 학교 주변 200미터 이내에서의 시위 활동 금지의 가처분명령이 교토지법에서 나왔습니다. 어린 학생들과 보호자, 학교 관계자들은 잠시나마 안심할 수 있었지만, 재특회는 법원의 가처분 명령을 무시하고 당당히 세 번째 습격을 가해 왔습니다.

학교의 당사자들은 무력감과 절망감에 휩싸였습니다.

"경찰도, 검찰도, 법원마저 그들의 이 악질적인 차별 만행을 막지 못한다. 우리에겐 인권조차 없는가…".

한편 아이들은 공포 속에서 학교 다니기를 꺼리거나 자기가 재일조선인으로 태어났다는 사실에 대한 의문을 터뜨리거나 잠자리에 야뇨를 하거나 불안 증세를 보이는 등 갖가지 나쁜 증세를 보였습니다.

생각해 보면 나 역시 어린 시기, 한반도 정세가 긴장될 때마다 통학길에서 낯선 일본인들에게서 "조선인은 죽어라"라는 폭언을 들은 적이 있고, 심지어 치마저고리를 제복 삼아 등교하는 여학생들에 대해 칼질하는 사건 등의 폭행 사건이 연달아 일어나 통학할 때 치마저고리를 입지 못하게 된 경험들이 있습니다.

나는 치마저고리를 입지 말라는 학교 방침에 강하게 항의해 선생님을 난처하게 만든 적도 있습니다.

"우리가 무슨 나쁜 일을 했나요? 어째서 자기를 숨기듯 살아야만 하는가요? 나는 치마저고리를 입고 다니겠습니다. 칼질이든 폭탄이든 맞겠습니다".

국가 간의 알력이, 어른들의 불만이, 그런 것에 아무런 영향도 끼치지 않는 재일동포 자녀들에게 향한다는 사실. 이런 비극이 몇 십 년 동안 여전히 계속되고 있다는 사실. 그럼에도 우리학교 아이들은 이를 악물고 억세게 자기 근본을 간직해 살아 나아가야 한다는 사실….

일본사회 속에 뿌리 깊이 남아 있는 차별 의식과 재일조선인에 대한

몰이해가 집약되어 이번 학교 습격사건은 일어났고, 이를 국가권력조차 막지 못했습니다. 우리는 모든 최선을 다했습니다. 이제 학교가 원고가 되어 재특회에 대한 민사 손해배상청구를 하는 길만 남았지만 이 방법에는 너무도 위험부담이 컸습니다.

일본에서 사회적 재판을 걸어도 1심 판결까지는 3년에서 5년이 걸립니다. 그 사이 재판을 위해 당사자들이 해야 할 준비의 작업량과 노력은 상상만 해도 숨이 막힐 정도였습니다. 무엇보다 마음의 상처를 깊이 입은 어린 아이들과 보호자들에겐 그 악몽의 사건을 거듭 되새겨야 하는 일이 되기 때문입니다. 두 번 다시 떠올리고 싶지 않은 차별 체험의 기억을 상기해야 하고 또한 그렇게까지 힘든 작업을 하고 소송을 한다고 한들 기대하는 판결을 받을 수 있을 것인지. 이제까지 일본 법원의 판례를 보면, 일반적인 모욕이나 명예훼손을 넘어서 그것이 '차별'로 인정되고, 소수자 특히, 식민지 지배의 결과로 일본에 살게 된 소수자의 민족교육 현장에 대한 차별이 얼마나 그들의 삶에 큰 타격이 되는지에 대해 올바르게 판단해 줄지 넘어야 할 산이 너무도 많았습니다. 더구나 2009년 당시는 '재특회'라는 이름에 대해서도, '헤이트 스피치'라는 말에 대해서도 사회적 인지가 전혀 없는 상황이었습니다.

보호자와 학교 관계자, 변호인단은 여러 차례 논의와 고심을 거듭한 끝에 과거부터 되풀이 되어 온 차별에 대해 그냥 주저앉아 넋 놓고 있을 수만은 없다고 결심했고, 우리들은 민사재판에 나서기로 했습니다. 고뇌 끝에 내린 힘든 결정이었습니다.

결국 약 4년의 법적 투쟁을 거쳐 2013년 10월 7일 획기적인 1심 판결이 나왔습니다. 하지만 당사자들은 마음의 웃음을 이미 잃은 뒤였습니다. 아이들 마음에 새겨진 상처는 평생 지워지지 않을 것같습니다.

　　'헤이트 스피치 판결'로 알려진 이날의 교토지법에서의 판결은 당사자들에게 하나의 전환점이 된 것은 사실입니다. 하지만 그간에 얼마나 많은 눈물과 고통과 고뇌가 있었는지, 그리고 여전히 앞으로도 그들은 이것에 맞서가야 한다는 사실을 우리는 잊지 말아야겠습니다.

　　나도 자신의 모교를 지키느라 필사적이었습니다. 때로는 가능하다면 도망가고 싶은 때도 있었습니다. 그날의 사건들을 머릿속 한 귀퉁이에 가둬놓고 뚜껑을 닫아버려 없었던 것으로 하고 싶었습니다. 마음의 상처를 몇 번이고 헤집고 고름을 짜내야 하는데 이것이 쉬운 일이 아니었습니다.

　　나는 어디까지나 변호사로서, 대리인으로서 이 사건을 담당하려 했지만 그러지 못했습니다. 습격하는 동영상을 볼 때마다, 판사 앞에서 영상을 틀어 보일 때마다, 아무리 마음의 평정을 유지하려 애써도, 배움의 요람 속의 내 보물 같은 나날들이 놈들의 흙투성이 발로 짓밟히는 듯 한 느낌이었습니다. 오열이 터져 나올 것 같았습니다. 재판 투쟁을 거쳐 어느덧 나는 내 아이덴티티를 회복하게 되었습니다. 변호사이면서 부끄럽게도 나는 재판을 통해 자신이 살아난 것을 느꼈습니다.

　　내 모교는 슬프게도 2012년 3월 말 폐교되었습니다. 이 습격사건의 영향이 컸습니다. 이렇게 내 배움의 고향 또한 사라지고 말았습니다.

세 번째 고향 - 경상북도와 제주도

　나에게는 '마음'의 고향이 있습니다. 조부모님이 태어난 곳 — 경상
북도와 제주도. 할아버지와 할머니는 일제강점기 경상북도 달성군(당
시)에서 결혼하시고 살길을 찾아 일본으로 건너오셨습니다. 고향에서
들었던 말과 달리 일터다운 일터도 없어 할아버지는 조선인 노동자들
이 혹사당한 탄광 등에서 육체노동에 종사하셨습니다. 할머니는 7명
의 자식들을 키우느라 야단이었습니다. 온갖 차별을 당하시면서도 두
분은 언제나 태어나고 자란 고향의 모습을 마음속 깊이 간직하고 있었
습니다. 소와 닭을 키우며 화목하게 살던 한가한 고장이라고 조부모님
은 고향 이야기를 꺼내실 때마다 두 눈망울을 반짝이셨습니다.

　외할아버지와 외할머니는 제주도 북
제주군 출신입니다. 문반집의 자손으
로 태어나신 외할머니는 12명의 형제
중 외동딸로 어려서부터 집안일을 돕
느라 많은 고생을 하셨습니다. 외할아
버지는 제주도에서 아주 유명한 어부
셨습니다. 제주도에서 배를 타시던 총
각 시절의 외할아버지 사진이 한 장 남
아있습니다. 정말 멋지고 늠름한 모
습. 이성에 대한 취향이 외할머니와 내

구량옥 변호사©Kazuhiro Nakayama

가 똑같다며 함께 웃음을 터뜨리기도 했습니다. 두 분도 전쟁 난리통에 일본으로 건너오셨고 오사카 대공습을 당하면서도 필사적으로 살아가셨습니다.

조부모님들은 제사 때마다, 그리고 내가 문득 찾아갈 때마다 지지미, 족발, 추어탕, 몸국, 시루떡, 기름떡, 송편 등등 갖가지 조선 반찬을 손수 만들어 주시고 경상북도와 제주도의 고향 맛을 알려주셨습니다.

그러던 어느 날 외할머니가 하신 말씀을 잊을 수 없습니다.

"우리나라가 둘로 갈라져 있는 한 절대로 고향에 못가겠다. 하나 된 이후에 찾아가야지. 그것이 내 꿈이야".

외할머니의 꿈은 실현되지 못했습니다. 어느덧 조부모님의 고향은 내 마음의 고향이 되어 있었습니다. 그러나 나는 그곳들을 갈 수 없습니다. 일본의 외국인등록법상 나는 '조선'적이기 때문입니다.

'조선'적은 당장 그것만으로 국적을 나타내는 것은 아닙니다. 1945년 조선이 해방될 때까지 우리를 '일본'국적자로 다루던 일본은 패전하자 그 국적을 상실하게 했고, 대신 외국인 관리를 위한 법령을 만들어 편의상 여기에 '조선'이라는 기호를 부여했습니다.

그 후 우리나라는 둘로 갈라졌고, 한일조약 등을 거쳐 일본 정부는 재일동포들이 '조선'에서 '한국'으로 변경하면 협정영주권을 주겠다는 등의 편익을 제공하였고, 재일조선인들에 대한 전후 배상 문제도 '종료'하려 했습니다.

내 조부모님은 우리나라가 둘로 갈라져 있는 상황에서 어느 한쪽을 선택하지 못한다며 '불편'한 '조선'적을 그대로 지니셨습니다. '조선'적이란 말하자면 이미 사라진 조선을 의미합니다. 무국적 상태이면서도 동시에 남북 양쪽에 소속되어 있는 상태로도 볼 수 있습니다.

나는 조부모님의 뜻을 이어 '조선'적을 지니고 있습니다. 그런데, 이 때문에 한국에 입국하지 못합니다. 변호사 등록을 한 지 5년이나 되었는데 변호사 업무차 한국에 가려했지만, 이미 세 번이나 '불허'되었습니다.

한국의 전자 소송 제도, 형사 수속, 노동법 제도를 일본 변호사들이 배우기 위해 일본변호사연합회 대표들이 한국을 방문하게 되었는데 나도 여기에 뽑혀 대표단 겸 통역으로 한국과 일본의 가교 역할을 할 수 있기를 바라는 마음으로 다녀와 보고 싶었습니다. 하지만 '조선'적이라는 이유만으로 한국에 입국하지 못했습니다.

세상에서 가장 가기 어려운 곳이 바로 내 고향입니다. 민족 분단의 비극이 눈앞에 놓여 있는 이 현실에 제 가슴은 또 한 번 찢어질 듯합니다.

내 조부모님이 자유롭게 다니시던 고향은 이미 사라진 것입니다. 내 마음의 고향은 사라졌습니다.

나의 고향들은 이렇게 사라져 갔습니다. 나는 내 고향 이야기를 통해 누군가의 동정을 얻을지도 모르겠습니다. 하지만 그건 내가 이 글을 쓴 취지는 아닙니다. 나는 비극을 논할 마음은 털끝만큼도 없습니다. 이 모든 경험들이 오늘의 나를 만들고 미래에 대한 희망을 안겨 주었다고 생각합니다. 그리고 이것에 감사하고 있습니다.

사라진 고향들은 나에게 많은 보물들을 선물해 주었습니다. 내가 우토로에 살지 않았다면, 조선학교에 다니지 않았다면, 조부모님들의 한국을 찾아가려 하지 않았었다면 만날 수 없었을 사람들과 얻지 못했을 경험들이 너무도 많습니다. 우토로의 토지 문제, 재특회와의 투쟁, 한국 입국 문제에서 나를 도와주신 많은 동포 분들, 한국 분들, 일본 분들, 가족, 친척, 벗들에게 마음 깊이 감사와 경의를 전하고 싶습니다.

하늘이 무너져도 솟아날 구멍이 있다는 것을, 고생 끝에 반드시 보람이 온다는 것을 체험을 통해 알게 되었고, 내 자신이 많은 분들의 따뜻한 사랑 아래 살고 있음을 깨달았습니다.

이런 은혜에 보답하기 위해 나는 앞으로도 재일조선인 변호사로서 일본에 사는 동포들의 법적 지위를 향상키시고 우리학교의 민족교육의 권리를 법적으로 보장할 수 있도록 매진해 나아갈 것입니다. 또한 일본과 한반도의 관계 개선에도 힘써갈 것입니다.

언젠가 한국의 동포들을 만날 날도 오겠지요. 그날이 올 것을 믿으면서 펜을 놓겠습니다. 감사합니다.

내 아이를 조선학교에 보내는 이유
– 일본 학교를 졸업한 한 재일동포 어머니의 이야기 –

저자 _ 신 가 미
1965년생
도쿄에 거주하며 일본 회사에 근무하고 있음

번역 _ **배지원**

내 아이를 조선학교에
보내는 이유
– 일본 학교를 졸업한 한 재일동포 어머니의 이야기

처음 써 보는 내 이야기

"정말? 부부 둘 다 일본 학교를 나왔어?!"

딸이 조선학교에 입학해 대학 1학년생이 되는 최근까지 이렇게 놀라는 반응을 보이는 학부모가 적지 않았습니다. 그리고 그 이유를 "우리 둘 다 아이들에게 우리말을 가르쳐 줄 수 없어서요"라고 대답하면, 그 이상 아무 것도 묻지 않고 대신 따뜻한 눈빛으로 우리를 바라봐 주었습니다. 아마도 많은 분들이 사실은 그런 단순한 이유만 있는 것이 아닐 것이라는 것을

알고 있지 않았을까요. 이 일본사회에서 아직도 의무교육으로 인정받지 못할 뿐더러 많은 돈이 들고, 차별도 받는 조선학교에 부모 세대에 이어 아이들을 보내고 있는 분들이니까요.

내 아이를 조선학교에 보내는 이유. 그 이유를 제대로 전하려 하자면 내 자신의 어린 시절까지 거슬러 올라가야 합니다. 이렇게 마음을 다잡아 글로 엮는 것은 처음입니다. 막상 기억을 더듬어 보니 떠오르는 추억들 하나하나에 새겨진 사건들에 이제 와서 새삼스럽게 슬픔과 분노가 솟구치는 내 자신에게 놀라고 있습니다. "예상한 것보다 정신적으로 힘든 작업이 될 것 같다. 게다가 대단한 학력도 글재주도 없는 내가 잘 쓸 수 있을까"하는 걱정으로 머리가 꽉 찼습니다. 그래도 써보려고 합니다. 내 경험과 심정을 전하는 것이 조선학교를 이해하는 데에 조금이라도 도움이 될 것을 바라면서.

어린 시절의 기억 - 이웃의 조선학교

나는 도쿄의 동포 밀집지역에서 태어나 자랐습니다. 어린 시절 살던 마을의 상점가에는 김치나 저고리를 파는 가게들이 있었고 저고리 교복을 입은 조선학교 여학생들의 모습은 일상적인 풍경이었습니다.

조선학교에 다니는 친구가 있어서 학교 운동장에서 놀기도 했고, 운동회를 보러 가는 기회도 있었습니다. 운동회에서는 학생들뿐 아니라 부모님들이 열심히 응원도 하고 경기에도 의욕적으로 참가하는 모습을 보고 "일본 학교보다 재밌겠다!"고 생각했고 그때의 강한 인상이 지금도 남아있습니다. 그리고 '하기학교'라는 여름방학 때 일본 학교에 다니는 재일동포 초등학생들을 대상으로 조선학교 고교생들이 민족의 글과 노래 등을 가르쳐 주는 자리에 참가한 적도 있었습니다. 내 이름을 본명으로 불러 줬고, 우리말로 인사하며, 우리말을 쓰며, 우리 노래를 불렀던 경험은 겨우 일주일이었지만 너무도 귀중한 시간이었습니다.

당시 일본 아이들이 "조선학교 누더기 학교"라고 시끄럽게 놀려대는 소리도 들었지만, 조선학교에 다니는 친구는 이 말에 덧붙여 이렇게 말했습니다.

"조선학교는 누더기 학교. 들어가 보면 좋은 학교!"

나는 어린 마음에도 "정말 그렇지…"라고 생각했습니다.

학창 시절의 기억 – "괜찮아, 일본사람이랑 똑같아"

일본 학교에서 생활하면서 특별히 심한 괴롭힘이나 차별을 받은 적은 없습니다. 그래도 친구들의 말에 숨겨 있는 잠재적인 차별 의식을 통감한 적은 몇 번 있었지요. 그중에서도 지금도 강하게 마음에 남아 잊을 수 없는 것은 고교 시절 친구가 건네 온 말입니다.

처음으로 우리 집에 놀러왔던 그 친구는 돌아가면서 이렇게 물어왔습니다.

"혹시, 너 일본사람 아니었니?"

"그래 한국사람이야. 그러고 보니, 제대로 말하지 못했구나"

"그렇구나…. 괜찮아, 똑같지. 일본사람이랑 다르지 않아"

얼핏 배려하는 것처럼 들리지만 외국인인 나를 분명하게 부정하는 말이었습니다. 놀라서 할 말을 찾지 못했습니다. 아니, 할 말을 찾지 못한 것이 아니라, 민족의 말도 문화도 역사도 모르는 채 일본 이름으로 살아가는 나에게는 "똑같다"는 말에 "똑같지 않다"고 생각하면서도, 일본사람과의 다름을 설명할 수 있는 방도 같은 건 없었던 것입니다. 결국, 이 일이 계기가 되어 그때까지 함께 미래를 이야기 하고, 평생 친구로 생각될 정도로 친하게 사귀었던 이 친구와는 점차 멀어졌습니다.

청소년 시절의 기억 - 처음으로 배운 민족의 역사

고등학교를 졸업할 때 즈음, '한청'[1]이라는 민족단체를 알게 되었고 일본에서는 결코 배울 수 없었던 민족의 역사, 재일동포의 역사, 해방 후의 민족교육에 대한 탄압, 조국 분단의 현실에 대해 많은 것을 배웠습니다. 그때까지 일본사람이 되고 싶다고 생각한 적은 없지만, 한국사람이어서 다행이라고 생각한 적도 없었습니다. 자국의 역사를 재일동포의 역사를 배워가면서 "일본인이 아니어도 괜찮다"는 생각이 싹트기 시작했고, 나아가서는 재일동포로서 당당하게 살겠다'는 생각으로 바뀌어 갔습니다.

또한 나에게 있어서 조국이라는 것은 "국적이 한국이니까 한국"이라는 기성의 개념이었지만, 설령 분단으로 두 개의 국가가 존재하고 있더라도 조선반도[2] 전체가 나의 조국이라고 생각하게 되었습니다. 그리고 조국이 하루빨리 통일해서 동포끼리 서로 반목하지 않는 관계가 되길. 민족교육을 비롯한 재일동포에 대한 차별 문제를 해결하는 커다란 힘이 되어 주길. 그렇게 기원하게 되었습니다.

부모님과의 대립 - 실망을 거듭하면서

자신이 어떤 사람인지를 이해하면서 "재일동포로서 당당하게 살고 싶다"는 마음이 하루가 다르게 커갔습니다. 하지만 그러한 마음에서 우러나오는 나의 행동에 일일이 반대했던 것은 다름 아닌 부모님이었습니다.

성인식을 맞이했을 때 어머니는 저고리를 지어 주셨습니다. 돌아가신 어머니는 십대 중반에 일본에 건너온 1세로 친척의 결혼식에는 반드시 저고리를 입으셨습니다. 그런데 "추울 때는 저고리 위에 무엇을 걸치면 좋아?"라고 물어보는 나에게 되돌아온 어머니의 대답은 "저고리를 집에서부터 입고 갈거니? 그런 창피한 짓하면 안 돼"라는 놀라운 말이었습니다. 나는 눈물이 멈출 수 없었습니다.

역사학습에서 '창씨개명'을 배웠을 때, 통명이 동화정책의 상징이라는 것을 알게 된 나는 그 후 통명으로 불리는 것이 싫어져 다니던 회사에서도 본명으로 바꿨습니다. 부모님은 "통명 없이 어떻게 살려고 그래?!"라며 탄식하셨습니다.

결혼하고 태어난 아이들에게 이름을 지어줄 때, 본명만을 짓자는 것이 우리 부부의 일치된 생각이었습니다. 이에 대해 시아버지는 "통명을 짓지 않다니 차별받으면 어찌 하려느냐"고 말씀하셨고 남편은 "내가 지키겠다"고 대답했습니다. 시아버지는 아무 말씀 없이 전화를 끊었다고 합니다.

부모님의 반대에 부딪히는 것은 친구들로부터 거절당하는 것보다 몇 배나 슬프고 고통스러운 일입니다. 그래도 부모님의 생각에 실망하고 반발을 거듭하면서도 부모님을 미워하지는 않았습니다. 왜냐하면 그렇게 차별받아 비굴한 생각을 하게 된 이유에 대해 재일동포가 고통받고 번뇌한 역사를 배우면서 가슴 아플 정도로 이해했기 때문이었습니다. 비슷한 생각을 갖고 있는 재일동포들이 이 일본사회에 수많이 존재하고 있다는 불행에 슬퍼하지 않을 수 없었습니다.

딸의 성장 - 아이에게 최선의 길은

내 자식은 절대 '아빠', '엄마'라고 부르게 하고 싶다고 생각했기 때문에 처음 그 말로 불렸을 때의 기쁨은 이루 말할 수 없었습니다. 단순한지도 모르겠지만, 아이가 '아빠', '엄마'라고 부르고 부모가 아이를 민족명으로 부르는 것이 우리 가족에게 있어서는 조선인이라는 자각을 키워왔던 것 같습니다. 그래도 민족의 말을 많이 가르쳐 줄 수 없는 억

울함이 가슴 한켠에 남아있었습니다. 역시 아이들에게는 우리말을 말할 수 있는 환경을 만들어 줘야겠다. 그러기 위해서는 근처에 있는 조선학교에 다니는 것이 가장 좋은 방법이라고 생각하게 되었습니다.

딸의 취학 시기가 가까워 오자 우리 부부는 아이를 일본 학교에 보낼지, 조선학교에 보낼지 구체적으로 검토하기 시작했습니다.

나는 어렸을 때 익숙하고 친근했던 조선학교의 경험과 기억으로부터 "아이가 재일동포 선생님과 친구들에 둘러싸여 우리말을 배울 수 있는 것은 소중한 일이라고 생각해. 조선학교가 좋지 않을까 생각해"라고 남편에게 말했습니다. 남편은 나와 달리 재일동포 밀집지역이 아닌 곳에서 태어나 조선학교와는 전혀 접점 없이 성장했습니다. 당시 남편은 아이를 일본 학교에 보내고 만일 학교에서 차별을 받게 될 때에는 부모로서 싸울 작정으로 있었다고 합니다. 그런데 일본 공립학교에서는 일장기 게양, 기미가요 제창이 강제적으로 시행되기 시작했고 결국 1999년에는 국기국가법이 제정되고 말았기 때문에, 남편은 "그런 일본 학교에 딸을 보내면 재일조선인으로의 어린 자각의 싹조차 뜯기고 마는 것은 아닌가 하는 위기감이 커졌다"고 말했습니다.

서로의 생각이 일본 학교보다도 조선학교라는 방향으로 거의 일치해 있었지만, 몇 가지 우려점도 있었습니다. 조선학교는 의무교육이 아니라 학비 부담이 있다는 것. 정세가 요동칠 때마다 조선학교 학생, 특히 여학생들에 대한 폭력적 피해가 끊이질 않는다는 것. 이것이 당장 한발 주춤거리게 되는 조선학교를 선택하지 못하는 이유였습니다.

그럴 즈음, 근처의 조선학교에서 학교 견학을 안내하는 연락이 왔습니다. 실제로 학교를 방문한다는 것은 아는 사람 가운데 조선학교 관계자가 없는 우리들

부부로서는 바랄 수도 없는 일이었습니다.

곧바로 딸과 셋이서 방문한 학교에서는 교장 선생님이 마중 나와 주셨고, 교내를 견학한 뒤, "무엇이든 물어보십시오"라며 차분하게 대화할 수 있는 시간도 마련해 주셨습니다. 우리들은 솔직히 걱정거리를 말씀드렸고, 교장 선생님은 친절하게 대답해 주셨습니다. 의무교육으로 인정받지 못하고 있는 점에 대한 대응, 정세 문제로 아이들에게 위험이 염려될 때는 하교 시 집까지 책임지고 바래다주는 임시체제를 정비해놓고 있다는 점 등. 또한 "학비는 일본 학교에 비하면 솔직히 큰 부담일 수 있지만, 아이들은 조선학교에서 배움으로써 동포 친구들이 생기고, 민족 문화와 언어를 배우고, 자기 자신에 대해 긍지를 가질 수 있는 아이로 성장합니다. 이것은 그 무엇과도 바꿀 수 없는 것이

라고 생각합니다"라고 뜨겁게 설명하시는 말씀이 마음에 깊이 새겨졌습니다.

함께 갔던 딸은 우리 부부가 교장 선생님의 말씀을 듣고 있는 사이 1학년을 담당하는 선생님이 상대해 주고 있었습니다. 집에 돌아와 딸에게 물었습니다.

"그 학교 봐 보니까 어땠어?"
"즐거웠어! 나, 그 학교 가는거야?"
"그 학교 가면 기쁘겠니?"
"응, 기쁘겠어!"

그렇게 천진난만하게 답하는 딸아이의 모습에 어렸을 때 조선학교에 애착을 느꼈던 내 자신이 겹쳐 보였습니다. 더 이상 주저할 것이 없었습니다. "역시 딸에게는 우리가 경험했던, 자신이 누구인지 자각할 수 없는 고통스런 감정을 느끼게 하고 싶지 않다"는 심정이 "자기가 조선인이라는 것을 긍정적으로 자각할 수 있는 마음을 키워 주는 조선학교에 다니는 것이 최선이다"라는 결론에 이르게 되었던 것입니다.

우리 부모님들은 예상한 대로 반대하셨지만, 결코 흔들리지 않았습니다. 지금까지 무엇을 하든 부모님의 반대에 끊임없이 부딪혀온 경험을 생각하면 조선학교를 선택한 이유를 말씀드린다 해도 이해하려 하지 않으실 것이었습니다. 그때까지 그러했던 것처럼. 그렇게 생각하고 많은 것을 말씀드리지는 않았습니다. 그래도 마음속에서는 언젠가는 알아주실 때가 올 것이라고 바라고 있습니다.

딸아이의 생각 - 지금까지 가장 기뻤던 일

입학한 아이에게 동포 친구들이 생기고, 학교생활은 즐거워 보였습니다. 조선학교의 교과과정은 민족의 말과 역사, 문화를 배우는 만큼 수업 시간이 일본 학교보다 깁니다. 또한 방과 후 활동이 매우 활발해서 거의 모든 학생들이 방과 후 활동에 참가합니다. 체력적으로 힘들지 않을까 걱정될 때도 있었지만, 딸은 충실한 학교생활을 보내는 것 같았습니다. 또한 조선학교가 의무교육으로 인정받지 못 해 재정 지원이 없는 상황 속에서 선생님과 보호자를 비롯한 많은 재일동포들이 지혜를 모으고 정성을 쏟아 지원 활동을 하는 모습을 보고 학교에 대한 애정이 더 깊어가는 것 같았습니다.

그래도 부모가 아무리 좋다고 생각해서 입학시킨 학교라도 아이 본인이 스스로 계속 다니겠다는 생각이 없으면 아무런 의미가 없습니다. 학교를 졸업한 뒤에 "부모님이 보내서 할 수 없이 다녔다"고 말하는 강요는 하고 싶지 않았습니다. 그래서 중학교, 고교, 대학교로 진학할 때마다 아이 스스로가 진로를 생각해 선택할 수 있는 기회를 갖도록 했습니다.

초급부에서 중급부에 올라갈 때, "초중급이 한곳에 있는 학교라 아무 생각 없이 중급부에 진학하는 것이 아니라, 일본 학교를 선택할 수도 있다. 친구가 있어서가 아니라, 스스로에게 어떤 것이 좋은지 생각해 보면서"라고 딸에게는 말했습니다. 아직 어린 초급부 6학년 때의 딸은 이 말을 듣고 좀 황당한 표정을 지었습니다. 당연히 그대로 중급부로 올라갈 것이라고 생각하고 있었을 테니 놀라는 것도 당연하겠지요. 그래도 어린 생각으로라도 생각해 보길 바랐습니다. 그렇다고 해서 어린아이가 모든 것을 알아서 선택할 수는 없는 것이고, 한 번 정하면 되돌릴 수 없다는 강박관념을 느끼게 하고 싶지도 않았기 때문에 "혹시 만약 일본 학교에 가더라도 후에 조선학교에 돌아올 수 있는 선택지도 있다"고 전해 두었습니다. 고등학교 그리고 대학교에 진학할 때에도 똑같이 물었습니다.

우리 집에 있어서 아이가 조선학교에 다니는 것은 '당연한 일'이 아니어서 양쪽 부모님들과 친척들의 반발이 있었지만 이것을 새삼스럽게 다시 아이에게 말하지는 않았습니다. 그러나 운동회, 학예회, 그 밖의 여러 행사에 대부분의 친구들에게는 조부모와 친척이 모여 있는데 우리 집은 부부 외에 아무도 오지 않기 때문에 부모가 말하지 않아도 저절로 알아가게 되었다고 생각합니다. 그래도 딸은 진학 때가 올 때마다 "더 우리학교에서 배우고싶다", "민족교육을 받을 수 있는 건 조선학교뿐이니까"라며 조선학교를 선택해 왔습니다.

그러던 중 고급부에 입학한 뒤 첫 참관수업에서 정말 기쁜 일이 있었습니다. 교실 벽에는 "태어나서 지금까지 가장 기뻤던 일은?"이라는 선생님의 질문에 대한 학생들의 대답이 전시되어 있었습니다. 딸은 도대체 어떻게 썼을까 하고 딸의 대답을 찾아보았는데 그 내용을 보고 놀랐습니다.

"도꾜조선제4초중급학교에 다녔던 것이 가장 기뻤다".

부모만의 일방적인 생각은 아니었던 것입니다. 딸도 조선학교에서 배웠던 것을 마음 깊이 기뻐하고 있었습니다. 이런 생각이 드니 기뻐서 눈시울이 뜨거워졌습니다.

조선학교란

이렇게 뒤돌아보니 "우리 아이를 조선학교에 보낸 것은 필연이었을지도 모른다"는 그런 생각을 떨칠 수 없습니다. 재일동포는 이 일본사회의 어느 곳에 있어도 '차별'이라는 고뇌에서 도망갈 수 없습니다. 그렇다면 그 고뇌를 향해 일본 학교에 있으면서 혼자 맞서는 것보다도 조선학교에서 친구들과 함께 맞서는 것이 얼마나 가슴 든든한 일인지 두말할 나위도 없습니다. 적어도 나는 스스로의 경험을 통해 그렇게 단언할 수 있습니다.

영화 「우리학교」를 제작한 김명준 감독의 일본에서 열린 모임에서 하신 말씀이 떠오릅니다.

"조선학교가 완벽한 교육기관이라고는 아무도 말하지 않습니다. 그러나 아이들에게 조선학교는 자기 자신이 누구인지를 가르쳐 주고, 이 땅에서 조선인으로 살아가는 방법을 가르쳐 주는 단 하나의 학교입니다. 이것은 일본 학교는 절대 할 수 없는 일입니다".

분단된 조국, 남녘에서 이렇게도 조선학교를 그리고 재일동포를 이해해 주는 사람들이 있다는 사실과 놀라움은 나에게 "만나면 알게 된다. 서로 이해할 수 있게 된다"는 커다란 희망을 선사해 주었습니다.

생각해 보면 조선학교는 입학할 때에 국적을 물어온 적이 단 한 번도 없었습니다.

'조선'적, 한국적, 일본적, 그 어떤 국적이든지 부모의 어느 한쪽이라도 민족의 뿌리를 갖고 있다면, 민족교육을 배우고 싶다면, 있는 모습 그대로 받아 줍니다. 그것이 조선학교입니다. '우리학교'라는 별명을 가진 조선학교. 정말이지 그 이름에 어울리는 '우리'의 학교입니다. 조선학교 안에는 재일동포를 고통스럽게 하는 분단선은 없습니다.

재일동포들에게 둘도 없는 배움의 장, 그것이 조선학교입니다.

주

1) 재일한국청년동맹의 약칭으로 1960년에 결성된 재일한국인 청년 단체.
2) 필자를 포함한 재일동포들은 일상적으로 '한반도'를 조선이라는 민족 개념을 담은 '조선반도'로 표현하고 일본어로도 '조선반도'가 일반적임. 본 글은 필자의 바람에 따라 그대로 번역하였음. (번역자 주)

도쿄조선제1초중급학교
운동회의 퍼포먼스

재일조선인과 통일

저자 _ 김 진 환

건국대학교 통일인문학연구단 HK연구교수
(북한사회와 남북관계 전공)

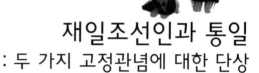

재일조선인과 통일
: 두 가지 고정관념에 대한 단상

상대방에 대한 '고정관념'은 상대방과의 관계 발전을 방해한다. 한국인과 재일조선인의 관계도 마찬가지다. 한국인이 재일조선인에 대해 갖고 있는 고정관념 역시 둘 사이의 관계 발전을 가로막을 수 있다. 예를 들어 한국인 중에는 재일조선인에게 상처를 입혀 왔고 지금도 상처를 입히고 있는 건 일본이지 한국은 아니라고 생각하는 사람이 많다. 한국인과 재일조선인 모두 일본인으로부터 상처받은 피해자일 뿐, '한국인=가해자, 재일조선인=피해자'라는 등식은 성립하지 않는다고 생각하는 것이다. 과연 그럴까?

한국도 가해자다

나는 1999년 가을에 재일조선인을 처음 만났다. 당시 대학원생이었던 나는 선배 연구자들과 함께 출소 '비전향장기수' 구술생애사 작업을 하고 있었다. 이 작업은 한국전쟁기 빨치산, 전후에 북에서 남파된 공작원 등 다양한 이력을 지닌 비전향장기수의 생애구술을 통해, 그동안 알려지지 않은 역사적 사실—특히 감옥에서 벌어졌던 일—을 드러내는 것과 함께, 남북대결이 한 사람의 인생에 어떻게 상처를 입혔는지 확인하는 작업이었다. 달리 말해 비전향장기수 구술생애사 작업은 비전향장기수에 대한 한국 사회의 고정관념, 곧 한국 사회에 상처를 입힌 '가해자'라는 일면적 인식에서 벗어나, 이들 역시 역사의 격랑에 휩쓸린 '피해자'일 수 있음을 보여주는 일종의 '고정관념 깨뜨리기'였다. 1999년 가을에 이 작업을 후원해 주던 분들과 작업을 진행 중인 연구자들이 한자리에 모일 기회가 있었는데, 바로 그곳에서 후원모임을 이끌던 서승을 만났다.

잘 알려져 있듯이 서승은 박정희 정부의 국군보안사령부가 1971년 4월 대통령 선거를 일주일 앞두고 유권자들의 안보불안을 자극하기 위해 조작한 '재일한국인 간첩단 사건'의 '피해자'다. 그러니까 나는 재일조선인과의 첫 번째 만남에서부터 한국인이 재일조선인에게 입힌 상처를 확인한 셈이다. 서승은 국군보안사령부에서 심한 고문을 당하자 경유 난로 기름을 끼얹고 분신을 시도했다. 그날 내가 본 서승의 화상 상처는 한국인과 재일조선인의 '가해자—피해자' 관계를 입증하는 '물리적 증거'로 내 마음속에 뚜렷이 새겨졌다.

재일조선인과의 두 번째 만남은 그로부터 무려 11년이나 지난 2010년 가을에 이루어졌다. 2000년 남북정상회담 이후 몇 년 동안 남북화해 분위기, 한류(韓流) 열풍 등에 힘입어 재일조선인의 한국 방문이나 이주가 과거에 비해 크게 늘어났다. 마음먹었다면 재일조선인과 만날 기회를 많이 가질 수 있었다는 얘기다. 하지만 이 긴 시간 동안 나의 관심은 1990년대 이북의 체제위기를 이해하는 데 온통 집중돼 있었다. '통일'을 화두로 잡은 이상 이북에 대한 이해가 첫걸음이어야 한다고 생각했고, 그래서 박사학위논문 주제도 이북 체제위기의 해명으로 잡았던 것이다. 2008년에 이 주제로 박사학위를 받고 2010년 봄부터 건국대학교 통일인문학연구단에서 일하면서, 부끄럽지만 그때부터 비로소 내 시야는 한반도 밖으로까지 넓혀졌다.

마침 통일인문학연구단에서는 '분단의 트라우마와 치유'라는 주제의 학술대회를 2010년 12월 개최 예정으로 준비했고, 이 과정에서 나에게는 분단 트라우마의 '증언자'를 섭외하라는 임무가 맡겨졌다. 이 임무를 맡자마자 내 머릿속에서는 현재 한반도에서 살아가는 사람들만 분단으로 인한 고통을 겪는 게 아닐 것이란 생각이 먼저 스쳐지나갔고, 그러다 보니 자연스럽게 그가 떠올랐다. 『소년의 눈물』을 포함해 서경식의 저서 곳곳에는 박정희 정부가 그의 두 형(서승, 서준식)을 옥에 가두면서 그와 가족이 겪었던 고통의 기억들이 담겨 있었다. 내 생각에 그는 분단으로 인한 고통이 한반도 사람들만의 문제가 아니라는 점을 바로 그 한반도 사람들에게 일깨워 줄 적임자였다.

나는 2010년 가을 서울에서 서경식을 만나 학술대회의 취지를 자세히 설명했다. 그로부터 두 달 뒤 열린 학술대회에서 그는 재일조선인의 고통이 과거지사가 아니라 현존하는 문제임을 아래와 같은 말로 깨우쳐 줬다. "재일조선인이 고통을 받고 있는 것은 과거에 기인하는 '트라우마'뿐만이 아니다. 재일조선인은 현재진행형의 계속되는 식민지주의와 조국분단이라는 현실로 고통을 받고 있다." 무엇보다 그는 '재일의 특권을 용서하지 않는 시민의 모임'이 교토조선제1초급학교에 몰려 와서 "북의 스파이 조선학교는 일본에서 나가라!"며 협박한 사연, 자신이 이끄는 한국연수여행 참가를 적극 희망했던 학생의 한국 입국이 '조선적'이라는 이유로 불허된 사연을 함께 들려줌으로써 '일본의 가해'뿐 아니라 '한국의 가해'도 돌아보게 해 줬다.

이날 서경식이 말했듯이, 그리고 서승 · 서준식 형제의 고난이 상징적으로 증명하듯이 재일조선인에 대한 한국 정부의 가해는 남북분단과 남북대결이라는 한반도 현실과 떨어뜨려 말할 수 없다. 박정희 정부는 기민정책(棄民政策)으로 일관했던 이승만 정부와 달리 적극적으로 재일조선인 사회에 개입했다. 문제는 박정희 정부의 재일조선인 정책이 일본 안에서 재일조선인의 처지를 개선하거나 재일조선인이 남북을 자유롭게 오갈 수 있도록 하는 방향이 아니라, 온전히 북과의 체제경쟁, 정권유지 차원에서만 추진됐다는 사실이다. 박정희 정부가 남북대결과 정권유지에 재일조선인을 활용한 사례, 달리 말해 박정희 정부의 재일조선인 가해 사례로는 두 가지를 대표적으로 꼽을 수 있다.

첫째, 박정희 정부는 이른바 '조총련계 재일동포'의 모국 방문, '영주귀국' 유도 등을 통해 재일조선인 사회의 '분열'을 시도하고, 북과의 체제경쟁에서 우위에 섰음을 과시하려 했다. '조총련계 재일동포'의 첫 영주 귀국 사례를 보도한 아래 기사 내용은 이러한 박정희 정부의 의도를 잘 드러내준다.

지난해 추석 이후 모국을 다녀간 7천여 명의 조총련계 재일동포 가운데 첫 영주 귀국자가 나타났다. 진명숙 씨(75·군마현)와 일본인부인 스케가와도미 씨(55) 부부는 조총련에 속아온 과거를 청산, 고국에서 영주하기 위해 31일 오후 대한항공기편으로 김포 도착, 오후 가족들의 품에 안겼다. 진 씨는 19세 때 도일, 스케가와 부인과 결혼한 뒤 조총련계 유기장에서 경품 관리를 하던, 조총련계 열성당원이었다. 그러나 진 씨 부부는 지난 4월 고국을 방문, 발전된 조국의 모습과 조국의 실정이 조총련의 선전과는 아주 달라 귀국을 결심한 데다 도일하기 전 나은 아들 진종운 씨(44·미곡상·대구시 칠성동 2구 1291) 등 아들들이 "고국에서 같이 살자"고 간청해 영주 귀국을 하게 됐다는 것이다.(『동아일보』 1976년 7월 31일/「모국 방문 조총련계교포 중 노부부 첫 영주 귀국」)

둘째, 박정희 정부는 독재정권에 대한 비판을 잠재우는 수단으로 재일조선인 간첩 사건을 활용했다. 박정희 정부는 1971년 4월 서승·서준식 사건을 시작으로 최창일 사건(1973.5), 고병택·김영작 사건(1974.4), 최철교 사건(1974.4), 김승효 사건(1974.6), 진두현 사건(1974.11), 김달남 사건(1975.4), 일명 '11·22사건'으로 불리는 모국유학생간첩사건(1975.11), 유영수·유성삼·김정사 사건(1977.4) 등을 지속적으로 조작해 냈다.

박정희 정부의 뒤를 이은 전두환 정부 역시 손유형 사건(1981.6), 이헌치·이주광 사건(1981.10), 김태홍 사건(1981.10), 진이칙 사건(1981.11), 박영식 사건(1982.5), 이종수 사건(1982.11), 박박·서성수 사건(1983.10), 허철중·윤정헌·조일지·조신치 사건(1984.10) 등을 조작함으로써 국민의 안보불안을 조장했다.[1] 1984년 10월에 재일조선인 간첩 사건을 발표하던 전두환 정부의 목소리가 얼마나 살벌했는지, 전두환 정부가 이런 사건 발표를 통해 노렸던 정치적 효과가 무엇이었는지는 아래 기사를 보면 잘 알 수 있다.

한편 보안사령부는 북괴가 최근 86「아시언게임」88년 올림픽을 방해저지하기 위해 대남도발을 한층 격화시키고 있고 재일교포2세 학생들을 교묘히 포섭, 국내에 침투시켜 학원소동을 유발시키고 국가 및 군사기밀을 탐지케 하는가 하면 납북어부를 세뇌시켜 간첩으로 귀환시키는 등 반민족적인 죄악을 자행하고 있다고 밝혔다.(『동아일보』 1984년 10월 13일 / 「보안사 간첩 6개망 6명 검거」)

'재일한국인 정치범을 구원하는 가족·교포의 모임'에 따르면 1993년 7월 현재 '재일한국인 정치범' 수는 160명에 달했고, 그중 유학생 수는 40여 명으로 추정됐다.[2] 이들은 고문 끝에 일본으로 버려지듯 송환되어 정신착란을 겪다 사망하기도 하고, 고문을 당하면서 무고한 사람의 이름을 댔다는 죄책감을 평생 안고 살아가기도 하는 등 한국 정부에 의해 무수한 인권침해를 당했다.[3] 한편, 노태우 정부는 최철교·서성수·진두현 등 8명을 대통령 방일을 앞두고 가석방함으로써

(1990.5.21) 이들의 인권을 정치적으로 활용하는 모습까지 보여 줬다.[4] 민주정부를 자임하던 김영삼 정부도 사상 최대 사면을 단행하면서(1993.3.6) 재일한국인 정치범은 그대로 옥에 가둬 두었다. 한국 사회가 1987년 6월민주항쟁으로 민주화된 이후에도 간첩 누명을 쓴 재일조선인의 고통은 계속됐던 것이다.

현존하는 고통

남북대결이 첨예했던 과거에 비해 강도가 낮아지기는 했지만, 한국 정부의 재일조선인 가해는 지금도 '조선적 재일조선인'에게 '친북'이라는 이데올로기적 낙인을 찍고, 그들이 디아스포라로서 당연히 지닌 '이동권', '귀환권'을 가로 막는 형태로 계속되고 있다.

2011년 3월 10일~13일. 나는 도쿄에 머물면서 재일조선인의 가치관, 정서, 생활문화 등을 조사하기 위한 준비 작업을 하고 있었다. 그해 여름부터 일본에서 재일조선인 대상 설문조사를 진행해 줄 파트너를 섭외하는 게 주요 목적이었지만, 뜻하지 않게 '동일본 대지진'과 '후쿠시마 핵발전소 폭발'이라는 대형 사건을 직접 체험하기도 했다. 도쿄에 머무는 동안 한 재일조선인 대학생이 동행하며 여러 편의를 봐줬는데, 대지진으로 전철 운행이 중단된 11일 밤, 숙소까지 2시간 넘게 걸어가며 그는 내게 몇 년 전 남북관계가 좋았을 때 가 보았던 한국에서의 추억, 그때 사귄 친구들을 지금은 만날 수 없는 안타까움에 대해 이야기해 줬다. 그는 조선적 재일조선인이다. 2012년 11월 도쿄에서 밤늦도록 술잔을 기울이며 부모님 고향과 경주에 꼭 가보고 싶다고 말하던 한 재일조선인 교수는, 하네다 공항에서 헤어질 때 이별의 아쉬움을 달래며 끝내 눈시울을 붉혔다. 그와 내가 한국에서 다시 만나 술잔을 기울일 가능성은 당시나 지금이나 거의 없다. 그도 조선적 재일조선인이다.

1980년대까지는 몇몇 특별한 경우를 빼고는 조선적 재일조선인의 한국 입국이 불가능했다. 그러다 1990년대 들어 조선적 재일조선인이 여행증명서를 발급받아 단기간이나마 한국을 왕래할 길이 열리게 됐다. 나와 도쿄에서 동행했던 학생 역시 이 제도 덕분에 한국을 찾을 수 있었다. 하지만 남북관계가 눈에 띄게 악화된 2009년부터 조선적 재일조선인 여행증명서 발급 거부 건수가 급증하더니-2006년 8건, 2007년 0건, 2008년 7건에 불과하던 것이 2009년에는 279건(1,497건 신청, 1,218건 발급)으로 급증했다-2010년 '천안함 사건' 이후부터는 여행증명서 발급이 거의 이루어지지 않고 있다. 한편 2013년 12월 한국 대법원은 조선적 재일조선인 정영환이 한국 정부를 상대로 낸 '여행증명서 발급거부 처분 취소소송' 상고심에서 정영환의 청구를 기각한 2심 판결을 확정했다. 정부의 재일조선인 '선별 입국' 정책에 대법원이 손을 들어준 것이다.

한국 정부가 이처럼 조선적 재일조선인의 입국을 가로막고 있는 배경에는 '조선적=총련계=친북'이라는 이데올로기적 편견이 놓여 있다.

이러한 편견은 요즘처럼 남북관계가 악화됐을 때 더욱 강하게 작동한다. '조선적'이 민족을 나타내는 기호일 뿐, 조선적 재일조선인이 곧 '재일본조선인총연합회(총련) 조직원'이거나 '조선민주주의인민공화국 공민'은 아니라는 목소리는 한국 정부와 보수 언론이 쌓아 놓은 '편견의 장벽'에 가로막혀 한국인에게 온전히 들리지 않는다.

또한 한국 정부와 보수 언론은 재일조선인 사회가 오랜 시간 함께 만들고 키워 온 '조선학교'에도 '친북학교'라는 이데올로기적 멍에를 씌워 놓은 당사자다. 실제 조선학교에서는 한국적, 조선적, 일본적 등 다양한 국적을 가진 재일조선인 학생들이, 친남 아니면 친북이라는 이분법 없이 오직 통일을 한마음으로 바라며 우리 민족의 언어, 역사, 문화를 배우고 있는데도 불구하고, 여전히 한국 정부와 보수 언론은 조선학교에 대한 편견을 바로잡지 않고 있다. 심지어 일본에서는 한국 영사관 직원이 조선학교 지원 활동을 나서서 방해하는 일까지 벌어졌다.[5] 만약 한국 정부가 과거 군사독재정권 시절에 씌웠던 '조선학교=친북학교'라는 이데올로기적 멍에를 지금이라도 벗기기 위해 노력했다면, 일본 정부가 저토록 자신 있게 고교 무상화 대상에서 조선학교를 제외하고, 일본 우익이 시도 때도 없이 조선학교에 몰려와 "북의 스파이 조선학교는 일본에서 나가라!"고 협박할 수 있었을까?

한국 헌법재판소가 2007년 6월에 재외국민의 참정권을 인정해야 한다고 전향적으로 결정했을 때도―이때는 남북관계가 괜찮은 편이었다―'조선적=총련계=친북'이라는 편견은 그대로 작동했다. 당시 헌법재판소가 밝힌 결정 요지는 이랬다. "재외국민에게 선거권 행사를 인정하더라도 우리의 특수한 상황하에서는 북한주민이나 조총련계 재일동포의 선거권 행사에 대한 제한은 허용될 수 있으며, 재외국민등록제도 및 재외국민 국내거소신고제도를 활용하여 **이들이 선거권을 행사할 위험성**을 예방하는 것이 선거기술상 불가능하지 않고, **재외국민은 북한주민이나 조총련계 재일동포와는 달리 우리나라 여권을 소지하고 있어 양자의 구분이 가능하다.** 그러므로 북한주민이나 조총련계 재일동포가 선거에 영향을 미칠지도 모른다는 추상적 **위험성**만으로 재외국민의 선거권 행사를 전면적으로 부정하는 것을 정당화할 수 없다"(강조는 글쓴이).[6]

요컨대 헌법재판소는 "조총련계 재일동포", 곧 한국 여권을 소지하지 않은 '조선적 재일조선인'의 선거권 행사를 '위험한 행위'로 보고 있는 것이다. 반대로 한국 여권을 소지한 '한국적 재일조선인'의 선거권 행사는 더 이상 위험한 행위로 보지 않는 것일까? 그렇다면 과거 군사독재 정권이 지속적으로 간첩 누명을 씌우며 괴롭혔던 한국적 재일조선인은 이제 한시름 놓아도 될까? 다시 한국 정부가 괴롭힌다면 자신을 '위험한 존재'로 보지 않은 헌법재판소의 결정을 방패 삼을 수 있으니까?

나의 대답은 부정적이다. 한국적 재일조선인이 안심하기는 아직 이르다는 얘기다. 과거 한국 정부의 재일조선인 가해행위를 정당화했고, 지금도 정당화하고 있는 남북대결이 엄존하고 있기 때문이다. 재일조선인은 남북대결이 계속되는 한 그가 한국적이든 조선적이든 상관없이 언제든, 어디서든 남북대결의 희생양이 될 수 있다.

통일의 윤리성과 재일조선인

바로 이 지점에서 대다수 한국인이 재일조선인에 대해 갖고 있는 또 하나의 '고정관념'에 대해 생각해 보게 된다. 대다수 한국인은 통일을 휴전선 이남의 국가(대한민국)와 이북의 국가(조선민주주의인민공화국)가 하나가 되는 것, 곧 '남북통일'로 여기고 있다. 또한 남북통일로 경제적 번영을 이룩할 수 있을 것이라는 꿈도 많이 꾼다. 같은 맥락에서 대다수 한국인은 재일조선인을 통일의 '주체'라기보다는 통일 한반도가 여러모로 도와야 할 대상 또는 통일의 '수혜자' 쯤으로 여긴다.

'남북통일은 부국강병의 지름길'이라는 통일론이 한국 사회를 지배하게 된 데는 그럴만한 이유가 분명히 있다. 1997년에 이른바 'IMF사태'를 거치면서 한국 경제의 구조적 문제점과 한계가 부각됐고, 김대중·노무현 정부 시절 남북협력이 주로 경제 영역에서 성과를 거두면서 남북통일이 '경제적 활로'가 될 것이라는 식의 통일론이 한국 사회의 지배적 통일론으로 자리 잡게 된 것이다. 이러한 경제중심적 통일론은 경제적 어려움에 직면해 있는 한국인의 통일 열망을 불러일으키는 데는 분명히 효과가 있다. 하지만 정작 통일 과정에서 기대했던 경제적 이익이 남북 모두에게 잘 체감되지 않거나, 한국인이 져야 할 경제적 부담이나 남북 간 경제 격차가 갈수록 커질 경우 통일에 대한 회의가 급속도로 확산될 수 있다는 문제점도 간과할 수 없다. 섣부르고 위험스런 예측일 수 있지만, 남북통일이 경제적으로 '장밋빛 미래'를 보장해 주지 못 할 경우 통일 한반도에서 남북대결이 재현될 가능성도 있다고 나는 생각한다.

다행히 최근 한국 사회에서는 통일이 가져다 줄 것 같은 막연한 경제적 이익을 통일의 핵심 이유로 삼을 것이 아니라, 나와 네가 겪고 있는 고통의 감소·제거라는 윤리적 과제의 해결 차원에서 통일을 사유하자는 주장이 조금씩 지지를 받고 있다. 한마디로 '윤리적 통일론'은 통일 과정에서 나와 네가 져야 할 경제적 부담이 설령 커지더라도, 민족 구성원이 남북분단과 남북대결로 인해 받은 상처를 치유하고, 더 이상 고통을 겪지 않기 위해 반드시 통일을 해야 한다는 주장이다.

또한 윤리적 통일론은 통일을 단순히 휴전선 이남과 이북의 국가가 하나가 된 상태로 여기지 않는다. 그보다는, 민족 구성원이 자유로운 소통을 통해 남북분단과 남북대결로 인한 상처와 고통을 확인하고, 나아가 상처와 고통을 낳는 여러 조건들이 제거되어가는 과정을 통일로 본다. 남북이 하나의 국가를 만들었다고 하더라도, 서로에 대한 적대감, 차이를 존중하지 않는 태도, 경제적 약자에 대한 멸시 등이 남아 있다면 아직 통일은 완성되지 않았다고 보는 것이다.

이처럼 윤리적 차원에서 통일을 바라볼 경우, 재일조선인은 통일의 수동적 수혜자가 아니라 당당하고도 능동적인 '주체'로 자리매김 된다. 위에서 자세히 적었듯이 재일조선인이야말로 일제 식민 지배뿐 아니라 해방 이후 남북대결이 초래한 고통을 일본과 한국에서 온몸으로 체험했고, 지금도 끊임없이 상처받고 있기 때문이다. 고통의 나날을 거쳐 온 재일조선인의 경험과 증언은 통일의 윤리성을 높이는 데 빠져서는 안 될

소중한 요소가 될 것이다.

또한 윤리적 차원에서 통일을 바라볼 경우, 한국 정부가 지금 당장 재일조선인에게 해야 할 일은 단순한 물질적 지원이 아니라고 말할 수 있다. 그보다는 재일조선인에게 상처 입혔던 과거사를 진정으로 사과하고, 오늘날 특히 조선적 재일조선인에게 씌워 놓은 이데올로기적 멍에를 벗기기 위해 노력하며, 재일조선인의 자유로운 이동권, 귀환권을 보장하는 것 등이 한국 정부가 시급히 이행해야 할 '윤리적 의무'로 부각된다. 예를 들어 한국 정부가 조선학교에 대한 이데올로기적 편견을 앞장서서 깨뜨리면서, 일본 정부와 일본 우익의 탄압으로부터 조선학교를 굳건히 지켜낸다면, 통일이 민족 구성원 모두에게 행복하고 바람직한 미래가 될 가능성은 한결 높아질 것이라고, 나는 믿는다.

주

1) 전명혁, 「1970년대 '재일교포유학생 국가보안법 사건' 연구: '11·22사건'을 중심으로」, 『한일민족문제연구』 21권, 한일민족문제학회, 2011, 106쪽 〈별표 1〉.
2) 전명혁, 「1970년대 '재일교포유학생 국가보안법 사건' 연구: '11·22사건'을 중심으로」, 『한일민족문제연구』 21권, 한일민족문제학회, 2011, 80쪽.
3) 「재일동포 그 격동의 현주소 (8): '분단 희생양' 정치범」, 『한겨레신문』 1993년 6월 15일.
4) 「재일교포 좌익수 8명 가석방, 법무부 노대통령 방일 앞서」, 『경향신문』 1990년 5월 22일.
5) 「"조선학교 돕지마" 주오사카 영사 협박」, 『통일뉴스』(온라인) 2013년 2월 4일(http://www.tongilnews.com/news/articleView.html?idxno=101336).
6) 헌법재판소의 '공직선거및선거부정방지법 제15조 제2항 등 위헌확인' 결정(2007.6.28) 요지(http://www.ccourt.go.kr/cckhome/comn/event/eventSearchTotalInfo.do?changeEventNo=2004%ED%97%8C%EB%A7%88644&viewType=3&searchType=1).

몽당연필과 조선학교

저자 _ 권 해 효

영화배우, '몽당연필' 대표

몽당연필과 조선학교

2014년 7월 6일, 일본 시코쿠.

비 내리는 오후, 시코쿠조선초중급학교 현관. 비 피할 곳조차 모자란 이곳에 백여 명의 사람들이 서 있습니다.

짧은 시간 학교 방문을 마치고 이제 한국으로 떠나려는 '몽당연필' 방문단과 그들을 배웅하기 위해 선생님과 학부모, 그리고 맑은 눈의 학생들은 비를 맞고 서있습니다.

헤어지기가 아쉬워 잡은 손 놓지 못하고 우리의 소원을 불러 봅니다. 바로 그 순간 나는 12년 전 조선학교와의 첫 만남을 떠올렸습니다.

첫 만남

2002년 10월, 금강산.

국민의 정부 마지막 해 가을, 대선을 앞두고 요동치는 정치 상황 속에서도 순조롭게 부산아시안게임이 진행되고, 북녘 응원단의 일거수일투족은 연일 신문과 뉴스의 앞머리를 차지하고 있었습니다.

아직은 6·15선언의 그 벅찬 순간의 기억이 생생하던 시절. 그 10월, 금강산에서는 '6·15 공동선언 실천을 위한 남북해외청년학생통일대회'가 열렸습니다.

지난 수십 년, 분단된 조국의 현실을 아파하며 통일을 꿈꿔 온 젊은 이들이 한자리에 모였습니다. 이곳에서 처음 그들을 만났습니다. 재일조선학교 조선대학의 청년들을 만났습니다.

30여 명의 조선학교 학생들은 대회에 참가한 천여 명의 남과 북 청년들 사이에서도 언제나 눈에 띄는 존재였습니다. 치마저고리가 그러했고, 재일동포 특유의 그 억양이 그러했습니다. 또한 남과 북의 청년들 사이를 오가며 한순간도 놓치지 않으려는 듯 쉼없이 귀 기울이고 대화하던 그들의 모습이 제가 기억하는 첫 모습입니다.

3일 동안 남과 북 그리고 해외에서 온 청년들은 함께 토론하고 때로는 함께 달리고 함께 노래했습니다. 그리고 헤어지는 날, 남과 북의 청년들은 언제고 우리는 다시 만날 수 있다는 희망으로 "다음에는 평양에서 만나자.", "서울에서 만나자." 웃으며 작별 인사를 나눴습니다.

바로 그때 버스의 창문을 두드리며 목 놓아 우는 청년들이 있었습니다. 조선학교 학생들. 울며 소리쳤습니다. "형님, 다시 만나요.", "오라버니, 우리를 잊지 마세요."

그들의 모습을 보며, 한동안 잊고 있었던 우리 분단의 현실을 다시 느낄 수 있었습니다.

　그리고 일본에서 나고 자란 이 청년들에게 분단은 무엇이며, 지난 3일의 시간은 어떤 의미일까 생각했습니다.

　"일본 땅에 태어나 살고 있지만 너는 조선사람이니 조선학교에 가야 한다."는 부모님 말씀에 가야했던 우리학교. 한 해 한 해를 보내며 서툰 조선말 보다 힘든 것은 정작 "나는 누구인가" 였다고 합니다. 자신의 정체성과 선택의 고민 속에서 자라 온 이 청년들에게 금강산에서의 하루하루는 조선학교를 다니는 보람과 자긍심으로 가득 찬 시간이었겠지요.

　사방을 둘러보아도 언니 오빠 형제요, 모두가 우리말로 통일을 이야기 하는 꿈같은 시간이였겠지요. 그리고 작별의 시간, 남과 북의 청년들은 평양으로 서울로 돌아갑니다. 조선학교 청년들에게 이 시간은 잊고 있던 질문을 떠올리는 순간입니다. "나는 누구인가, 내가 돌아가야 할 곳은 어디인가…"

　미루어 짐작할 뿐, 그 청년들이 흘린 눈물의 의미와 아픔은 알 수가 없었습니다.

　그렇게 헤어지고… 금강산에서 돌아온 후 조선학교 학생들의 모습은 오랫동안 잊을 수가 없었습니다. 분단의 역사에 그들의 자리를 생각해 보았습니다.

다시 만난 조선학교와 몽당연필

2005년 가을 오사카, 츠루하시 한인 시장… 친구와 마신 낮술이 얼큰하게 올라왔습니다.

술기운에 젖어 시장통을 걸었습니다. 친구는 함께 걸으며 이 시장거리에 얽힌 동포 사회의 힘들었던 역사를 들려줬습니다. 들으면서도 믿을 수 없는 세월이였습니다. 취기가 더 올라오는 것 같았습니다.

친구는 가까운 곳에 조선학교가 있다고 했습니다. '조선학교'라는 소리에 갑자기 가슴이 뛰었습니다. 친구를 앞세워 무작정 조선학교로 향했습니다. 돌이켜 생각해 보면 2002년 금강산에서 만난 그 순간부터 나는 조선학교에 매료되었던 것입니다.

아무 생각 없이 찾아간 그곳은 '오사까조선제4초급학교'. 일요일 오후, 교문은 닫혀 있었고 작은 교정은 텅 비어 있었습니다. 낡은 교사는 작은 골목을 경계로 마주하고 있는 일본 학교 때문일까 더욱 초라해 보였습니다. 한동안 멍하니 교문 틈새로 학교를 바라보았습니다.

그리고 3년 전 금강산에서 만났던, 잊고 있었던 조선대학 청년들을 떠올렸습니다.

어쩌면 그들 중에 누군가는 이 시장 골목을 달려 학교를 다녔겠지… 그런 생각과 동시에 츠루하시 시장의 구석구석이 새롭게 보였습니다. 교문은 닫혀 있었지만 나는 교정에 서 있었습니다.

그렇게 조선학교와 다시 만났습니다.

2004년 일본에 불어닥친 한국 드라마 열풍 덕에 일본 방문의 기회가 많았습니다.

2005년 이후 언제부터인가 일본 방문은 드라마 관련 행사보다 동포 사회와 조선학교와의 만남으로 바뀌어 갔습니다. 그 과정에는 조선학교의 가치와 아름다움에 반하여 이미 오래 전부터 교류하고 지원 방안을 고심해 온 한국 사회의 여러 단체 혹은 개인이 함께했습니다. 그 분들의 도움과 가르침을 통해서 동포 사회의 역사를 존중한다는 것이 무엇인지 배울 수 있었습니다. 2006년부터 본격적으로 시작한 나의 학교 방문은 언제나 감동과 배움의 시간이었습니다.

해방 이후 학교를 세우고 탄압과 차별 속에서 학교를 지켜낸 이야기와 일본 땅에서 계속되는 남북 체제 대결의 아픈 역사는 결코 학교에서 배워 보지 못 한, 청산되지 못 한 전쟁과 분단의 역사입니다. 배움은 우리가 잊고 살아가는 소중한 가치를 일깨웁니다. 조선학교는 방향을 잃어버린 혹은 오직 승자독식의 방향만을 향한 우리 교육 현실에서 '학교란 무엇인가'라는 근본적인 질문을 던집니다.

2011년 동일본 대지진을 통해 결성된 몽당연필은 1년 동안 12번의 연속 콘서트와 여러 차례의
대규모 소풍콘서트를 통해 약 2억 7천만 원을 지진 피해 조선학교에 기부했다

조선학교와 함께하는 사람들 '몽당연필'

「조선학교와 함께하는 사람들 '몽당연필'」은 2011년 3월 11일 동일
본을 강타한 전대미문의 지진과 해일의 직접 피해를 입은 조선학교를
지원하기 위해 만들어졌습니다. 당시 일본 동북 지역의 어마어마한 피
해 상황은 날마다 실시간으로 중계되었고 정부와 방송은 나서서 구호
기금 모금 활동을 독려했습니다. 하지만 동포 사회의 피해와 그들을
위한 대책과 모금 소식은 찾아보기 힘들었습니다. 그나마 그 모금 활
동의 열기도 한 달을 못가서 일본 정부의 독도 관련 발언과 함께 차갑

게 식어버렸습니다. 그러는 사이 몇몇 조선학교의 피해 소식이 전해졌고 그 소식에 조선학교와 관련한 단체와 개인들이 긴급 대책 모임을 열게 되었습니다. 첫 모임에서 피해지역 학교를 직접 지원 하기 위해 시민사회 차원의 모금회를 결성하자는 의견이 나왔지만 이미 큰 규모의 시민단체와 종교단체를 중심으로 여러 개의 모금회가 결성, 활동을 하고 있는 상황에서 실현 불가능한 대책이었습니다. 활동 중인 모금들 중에 재일 조선학교를 연결시킬 방법도 찾을 수 없었습니다.

이 답답한 상황은 오히려 사고의 전환을 가져왔습니다.

"지금 우리가 할 수 있는 일을 하자"

긴급 모임에 함께 한 분들은 각자의 영역에서 각자의 방식으로 오랫동안 우리학교와 관계를 맺어온 단체와 개인들입니다. 해외동포에 대한 우리 정부의 책임을 각성시키며 동포 사회의 연대를 통한 평화의 길을 모색하거나 책 교류를 통하여 이산의 간극을 줄이고 미래 세대의 지속적인 만남을 고민하고, 영화와 사진으로 조선학교의 고운 속살을 우리사회에 전하고, 때로는 음악으로, 조선학교에 반해버린 팬의 모습으로 조선학교를 이해하고 공감해왔습니다.

그런 만큼, 여기 한국에서 조선학교를 잊지 않고 응원하고 있다는 희망의 메세지를 전하며 이 어려운 상황을 한국 사회에 조선학교를 알리는 새로운 기회로 만들어 보자는데 생각을 같이했습니다. 그리고 보다 긴 호흡으로 지치지 않게, 모두가 공감할 수 있는 방법을 생각했습니다. 얼마 후 이 모임(혹은 회의)은 영화 「우리학교」의 김명준 감독의 제안으로 '몽당연필'로 명명되었습니다. 작고 보잘것없어 보이지만 소중한, 그리고 학교를 상징한다는 이 이름은 아이러니하게도 재일동포와 일본인들에게는 가장 발음하기 힘든 말이며 그저 '짧은 연필'로 이해되고 있습니다.

그렇게 해서 몽당연필 콘서트가 시작됐습니다. 1년 12번의 공연으로 기획된 몽당연필 콘서트. 첫 콘서트부터 놀라움의 연속이었습니다. 십시일반으로 마련한 비용으로 준비한 120여 석의 무대. 하지만 그 무대는 어떤 공연과도 다른 특별하고 감동적인 무대였습니다. 흔쾌하게 재능과 시간 그리고 마음까지 내어준 많은 아티스트와 조용히 무대 뒤에서 빛과 소리를, 영상을 담아내던 스텝들의 헌신 그리고 자원봉사자들…

몽당연필 콘서트는 12번의 서울 공연뿐 아니라 제주, 경남, 광주, 대구, 인천, 고양에서 '몽당연필 소풍 콘서트'라는 대규모 공연을 성공적으로 치르어 냈습니다. 통일과 평화를 염원하는 많은 시민단체와 노조의 지지와 참여가 있었기에 가능한 일이었지만 65년 넘게 일본에서 우리말과 글을 지켜 온 학교의 존재가 우리 모두를 움직인 가장 큰 힘이었습니다.

그리고 도쿄 소풍 콘서트를 마지막으로 2012년 긴급구호 모임으로서 몽당연필 활동을 마감하려 했습니다. 그러나 동포 사회와 한국의 시민사회 그리고 조선학교 차별을 반대하는 일본의 양심적인 시민단체는 아쉬움을 표했습니다. 어렵게 조성된 이 신뢰와 연대를 지속시켜야 한다는 목소리가 높았습니다. 어쩌면 힘들었지만 행복했던 일 년 간의 기억이, 가슴이 계속해야 한다고 말했는지 모릅니다.

2012년 겨울 몽당연필은 회원도 회칙도 공간도 없던 임의단체에서 비영리 민간단체로 새롭게 출발했습니다. 뭔가 새로운 틀 속에서 시작하는 일이 쉽지 않습니다. 복잡하고 신경써야 할 일도 늘었습니다. 그런 만큼 좀 더 노력하겠습니다. 즐겁고 행복한 일을 만들어야 합니다. 그것이 조선학교와 함께하는 몽당연필의 방법이고 기대에 답하는 방법이라 믿습니다. 그런 마음으로 몽당연필은 2013년 오사카 공연과 2014년 히로시마 공연을 동포 사회와 일본 시민의 연대 속에서 성공적으로 마칠 수 있었습니다.

조선학교와 함께하는 사람들 '몽당연필'의 대표라는 직함을 갖게 된 지 4년입니다. 난생 처음 명함도 만들었습니다. 명함통이 비어가는 모습을 보며 새삼 몽당연필의 이름으로 많은 사람을 만났다는 생각이 듭니다. 참 많은 사람을 만나 왔습니다.

저는 배우입니다. 배우로 살아온 24년의 시간, 다양한 곳에서 그야말로 각양각색의 사람들을 만났지만 몽당연필의 대표로 지낸 4년, 좀 더 멀게는 12년 전 금강산에서 조선학교 청년들을 만난 때부터, 좀 더 정확하게는 조선학교 청년들의 눈물을 통해서 지금 우리 사회의 비이성적이고 부조리한 상황은 극복되지 않은 분단체제에서 비롯됐을 거라 막연하게 느꼈던 그때. 그 이후의 만남들은 특별합니다. 그리고 이 특별함은 밥이 되고 돈이 되는 만남이 아니기 때문에 더욱 소중합니다.

몽당연필 소풍콘서트 in 히로시마의 마지막 무대. 소풍콘서트는 이제 우리학교와 동포들, 일본 사람들 그리고 몽당연필이 함께 만들어가는 평화와 통일의 무대로 자리잡아가고 있다

그런 만남 속에서 저 자신이 좀 더 나은 사람이 되어가고 있다고 믿습니다.

몽당연필 대표로 지내며 많은 질문을 받아왔습니다.

"배우가 왜?", "조선학교를 왜?", "조총련학교를 우리가 왜?", "일본 정부는 왜?", "우리 정부는 왜?"…… 이 질문들 속에서 조선학교를 바라보는 우리 사회의 다양한 시선을 느낄 수 있습니다. 따뜻함, 안타까움, 의심, 공포, 미움, 고마움, 미안함, 경멸, 증오의 시선까지. 이 극단적으로 다르기까지 한 여러 가지 시선에서 공통점을 찾을 수 있습니다.

바로 "우리는 조선학교와 재일동포에 대하여 아는 것이 없다"는 겁니다.

안다는 것은 어디까지일까요? 안다는 것은 이해하는 걸까요? 어려운 질문입니다. 이 질문은 사실 저 역시 아는 것이 없다는 고백이기도 합니다.

어떤 편견도 없이 조선학교를 만나고 바라보는 것은 어려운 일입니다. 하지만 그 교실에 있는 학생들을 보는 것은 가능하겠죠. 오늘, 바로 그 자리에서 만나는 학생들의 모습이 조선학교의 역사이고 미래입니다.

'조선학교'. 이 네 글자를 들을 때면 늘 뭉클해집니다. 아직도 그 이유를 모르겠습니다. 그 고단했던 과거와 더욱 어려워지는 환경 때문만은 아닙니다. 초중고 그리고 대학 시절까지 단 한 번도 학교에 대한 좋은 기억과 자부심을 가져본 적이 없는 나의 결핍이 학교를 고향이라 부르는 이들 앞에서 보이는 부러움일지도 모릅니다.

차별과 탄압으로 맞서 싸우는 동포 사회의 구심점이 되어야 한다는, 어린 나이에 그 무거운 책무를 감당해야 했던 당당함이 안쓰러워서 일지도 모릅니다.

오직 경쟁과 자신만을 위해 힘쓰는, 한 번 쓰러지면 아무도 돌아보지 않는 오늘 우리의 현실이 조선학교 학생들을 만나면 더 쓰리게 느껴져서일지도 모릅니다.

그 무엇이 가슴을 뜨겁게 만드는지 알 수 없지만 한 가지 확실한 것은 조선학교를 만나고 돌아올 땐 언제나 "아직 세상은 살아갈 만하다"고 스스로에게 말할 수 있다는 겁니다. 어쩌면 우리는 그런 '희망'을 확인하고 싶어 계속 '우리학교' 아이들을 만나는지도 모릅니다.

이 책을 읽는 많은 분들이 조선학교 아이들을 정면으로 바라보고 마음으로 느낄 수 있기를, 그리고 저와 마찬가지로 작은 '희망'을 발견할 수 있기를 바랍니다. 그 만남에 몽당연필이 작은 다리가 되겠습니다.

시코쿠 방문 프로그램 중의 하나인 '얼굴 그려주기'에 참가한 조선학교 학생과 한국 학생. 몽당연필이 꾸는 꿈은 아이들이 헤어지지 않고 하나되는 세상이다

조선학교 역사와 현황

– 일본 정부는 조선인의 민족교육권을 어떻게 다뤄 왔는가?

저자 _ **사노 미치오**(佐野通夫)

「'고교무상화제도'로부터 조선학교 배제에 반대하는 연락회」
어린이교육호센대학(こども教育宝仙大学) 교수(교육학 전공)

번역 _ 배지원

조선학교 역사와 현황
– 일본 정부는 조선인의 민족교육권을 어떻게 다뤄왔는가?

Ⅰ. 일제강점기 조선인 교육

한국의 독자들에게는 일본이 조선에 대해 어떤 식민지 교육정책을 펼쳤는지 긴 설명이 필요 없을 것이다. 을사늑약을 체결하고 조선을 강제병합하기 직전 일제는 조선의 교육체계를 개편했는데 이때 조선 민중들 사이에서는 이런 말이 돌았다고 한다. "아이들을 보통학교에 넣으면 사내아이는 졸업 후 내지[1] 끌려가 군대의 총알받이가 되고, 여자아이는 내지에 끌려가 갈보[2]로 팔린다".[3] 이 말에는 식민지 교육의 본질을 꿰뚫어 보는 민중들의 지혜가 담겨져 있다. 조선 백성들을 보통학교에 입학시키는 것은 쉽지 않았다.

그러나 1910년 8월 '한국병합에 관한 조약'이 강제로 체결되었고, 이 듬해인 1911년 8월 23일에는 '조선교육령'이 칙령[4]으로 발표되었다. 그 내용은 다음과 같다. 조선에서의 조선인 교육은 본령에 따른다(제1조). 교육은 교육에 관한 칙어의 취지에 의거해 충량한 신민의 육성을 목적으로 한다(제2조). 교육은 시류와 민도에 적합성을 기해야 한다(제3조).

일본인이 소학교 6년제였던 것에 반해 조선인의 보통학교는 4년제였고 고등학교를 개편한 고등보통학교 역시 4년제였다. 조선인에게는 전문학교를 포함해도 11~12년의 교육 기간 밖에 부여되지 않았다. 일본이 통치하는 사회에서의 조선인 교육이란 교육 연한을 짧게 부여함으로써 일본인보다 낮은 자격에 머무르게 하고, 일본인 아래서 일본어를 구사하며 그들을 보조하는 피식민을 육성하고자 하는 것이었다.

그 후 3·1독립운동을 거친 뒤의 이른바 '문화통치' 기간에는 보통학교가 6년제로 연장 개편되었지만 일본어 사용은 계속적으로 강요되었고, 의무교육제도는 시행도 되지 않은 채 조선은 해방을 맞이했다.

조선 본국에서의 교육 상황이 이러했을진대 재일조선인이 처해진 상황이 어떠했을지는 상상하기 어렵지 않다.

식민지 지배로 인해 하층 농민들은 고향인 농토를 떠나야 했고, 동시에 일본에서의 저임금 노동력에 대한 수요 증가로 현해탄을 넘는 조선인들이 증가했다. 그래서 재일조선인의 숫자는 계속 늘어나기만 했다.

1930년 일본 문부성은 일본에 있는 조선 아이들에게 취학의무가 있다고 했지만, 실제 취학률은 40% 정도에 머물렀다. 그것도 여자아이들의 취학은 남자아이들의 3분의 1밖에 되지 않았다. 그리고 학교에 다닌다고 해도 그들을 기다리는 것은 일본인 교육이었다. 조선인은 노예나 다름없다는 인식을 심는 교육이었고 그 속에서 조선인 아이들은 일본 아이들로부터 차별받았다. 절반 가까이가 학교에 가지 않아 글을 읽지 못하는 아이들이 많았고, 취학한 아이들이 배우는 것은 다름 아닌 일본 글자였다. 사실 취학이냐 미취학이냐에 관계없이, 일본어가 지배자의 언어로서 압도하는 환경 속에서 아이들은 조선말과는 멀어져 갔다.

II. 해방 후의 교육

1. 1948년과 1949년의 조선학교 폐쇄

1945년 8월 15일 해방을 맞이한 조선인들은 자주적인 조선어 학습을 시작했다. 아이들에게 조선말의 읽기 쓰기를 가르치고자 '국어 강습소'라고 불리는 작은 서당과 같은 교육 시설이 일본 전국 각지에서 생겨났다. 조선인의 자주적인 힘으로 마련된 강습소는 다음 해인 1946년 9월에 학교 교육으로 정비되었고, 총 525교에 약 4만 4천 명의 아이들이 다녔다고 전해진다.

영화 「우리학교」[5]에서도 흘러나오는 허남기 씨가 작사한 '이것이 우리들의 학교다'라는 노래의 가사처럼 당시 조선학교는 '건물은 초라하고/ 교실은 하나뿐이며/ 책상은/ 너희들이 몸을 기대면/ 끼익하고 이상한 소리를 내며/ 지금이라도 주저앉아버릴 것 같고/ 창문마다에는/ 창유리 한 장 제대로 껴있지 않'아 있었다. 하지만 그런 속에서도 재일조선인들은 스스로 "지혜가 있는 자는 지혜를, 돈이 있는 자는 돈을, 힘이 있는 자는 힘을" 서로 보태 그들의 학교를 만들어 갔다.

독자들이 혼동해서는 안 될 것은 이 당시 한반도 남쪽의 국호도 북쪽의 국호도 조선이었다는 점이다. 그 조선인들의 압도적 다수가 결집해 생겨난 '재일본조선인련맹(조련)'이 학교 조직의 선두에 서 있었다. 훗날 조련에 대한 대항체로 만들어진 '대한민국 민단'이라는 조직도 당시에는 '재일본조선거류민단'이라고 불렸다.

이 같은 재일조선인의 자주적인 교육 활동에 대해 일본 정부는 2년도 채 지나지 않아 관리와 통제를 가하기 시작했다. 문부성은 1947년 4월, '조선인 아동의 취학 의무의 건'이라는 통달을 내고, 조선인도 일본 학교에 취학의무가 있다고 밝혔다. 그 이유는 조선인은 일본 국적자이기 때문이라는 것이었다. 일본 정부는 1952년 샌프란시스코 강화조약이 발효 시점까지 조선인은 일본 국적이 있는 것으로 간주했다. 그러나 이미 1947년 5월 2일에 공포 시행된 '외국인등록령'에서는 조선인은 '외국인'으로 등록할 것이 명해졌다.

이즈음부터 조선학교는 적대시되었다. 1947년 가을, 오사카의 미군정청 교육 담당 장교는 조선학교에 관해 설비의 열악함, 교원의 자질 부족, 교원의 정치 활동, 수준 낮은 교육 내용 등을 구실로 조선학교를 비난하는 성명을 발표했다. 도쿄에서는 미점령군 GHQ[6]의 민간정보국 교육부 대위가 조선학교를 둘러보고는 이렇게 말했다고 한다.

"교육 용어들이 조선말로 되어 있다. 조선의 국기를 게양해서는 안 된다. 김일성 사진은 좋지 않다. 학교 기둥이 너무 얇다. 천장에 공기 빼는 환풍구가 없다. 교원들의 머리가 단정하지 않다. 바지에 주름이 잡히지 않았다"는 등 온갖 트집을 잡았다. 이 당시 장교가 댔던 이유들을 잘 기억해두면 좋겠다. 2010년대에 일본 지자체의 수장들이 조선학교에 대한 보조금을 정지하면서 언급했던 '이유'들이 과거 1940년대 후반의 '이유'들과 완전히 같기 때문이다.

1948년 1월 24일, 일본 문부성의 학교교육국 국장은 '조선인 설립학교의 취급에 관하여'라는 통달을 내려 보냈다. 그 내용은 '조선인 자제여도 취학 연령에 해당하는 자는 일본인과 마찬가지로 시·정·촌립이나 사립의 소학교 또는 중학교에 취학시켜야 한다'는 것이었다.

그리고 3월 이후, 드디어 조선학교에 대해 폐쇄 명령이 내려졌다. 아이들에게 일본 학교에 다니라고 촉구하는 것이라면(이러한 일은 앞서 서술한 것처럼 그 때까지만 해도 결코 없었던 일이었다), 학부모에게 '취학 통지서'를 내면 그만인 일이다. 허가 없이 다양한 취미 교실이나 작은 학원이 운영되고 있는 것처럼, 당시의 조선학교는 학교로서의 지위를 부여받은 것도 아무 것도 아닌 그저 학원과 비슷한 존재였다. 학교의 지위를 부여받지 못한 사실 자체가 문제이기는 하지만, 일본 정부는 이러한 아무런 지위도 없이 운영되고 있는 학교 아닌 학교를 폐쇄시키기 위해 이론적으로는 거듭 상당한 무리수를 뒀다.

물론 조선인도 학교가 없어지는 것을 좌시하고만 있지는 않았다. 각지에서 격렬한 항의 투쟁을 벌였고, 특히 4월 24일 효고현에서는 강한 항의 투쟁의 결과, 효고현 지사로부터 일단 폐쇄 명령을 철회한다는 약속을 받아냈다. 이에 대해 GHQ는 '비상사태선언'을 발표해 조선인들을 모두 검거하고 효고현 지사의 폐쇄 명령 철회 약속을 무효로 선언했다. 이에 반대하는 4월 26일 오사카에서의 항의 집회에서는 16살 김태일 소년이 총에 맞아 사살되는 대탄압이 가해졌다. 당시 일련의 조선인들의 민족교육권 옹호를 위한 투쟁을 '한신[7]교육투쟁'이라고 부르고 있다.

이 교육권 투쟁은 5월 3일, 재일조선인교육대책위원회 대표와 문부성 당국 간의 각서가 교환되면서 일단은 마무리되었다. 그 내용은 '조선인 자신이 사립의 소학교 또는 중학교를 설치하여 의무교육으로서의 최소한의 요건을 충족시키고 나아가 법령이 허용하는 범위 내에서, 선택 교과와 자유 연구 및 과외 시간에 조선말로 조선어, 조선의 역사, 문학, 문화 등 조선인의 독자적인 교육을 행할 수 있다'는 것이었다.

1948년 8월 15일 대한민국이, 9월 9일에는 조선민주주의인민공화국이 성립되었고, 나아가 미·소 냉전 대립이 격화되는 가운데 미점령군은 일본 안의 조선인 운동에 대한 탄압을 강화했다. 조선인이 펼치는 각종 권리 운동을 탄압하려 했던 미국과 일본은 1949년 4월 '단체 등 규정령'을 공포 시행했고, 9월 처음으로 이 규정령을 적용해 조련 등 4개 단체에 대해 해산명령을 내렸다.

연이어 10월 12일에는 조선인 교육에 관해 다음과 같은 내용이 각의[8] 결정되었다.

1. 조선인 자제의 의무 교육은 공립학교에서 하는 것을 원칙으로 한다.
2. 의무교육 이외의 교육을 하는 조선인 학교에 관해서는 일본의 교육 법령 및 그 외의 법령을 엄중히 따르게 하고, 무인가학교는 인정하지 않는다.
3. 조선인이 설치하는 학교의 경영 등은 자기 부담으로 행해야하며, 국가 또는 지방공공단체의 원조는 위 1의 원칙에 의거해 당연히 그 필요성은 없다.

이 결정을 바탕으로 그 다음날 문부성 관리국장은 법무부 특별심사국장과의 연명으로 '조선인 학교에 대한 조치에 관해서'라는 통달을 내리고, 조선인 학교의 폐쇄를 지령했다.

그러나 "조선인 자제의 의무 교육은 공립학교에서 한다"는 결정에도 불구하고, 현실에서는 각 지자체에서 재일조선인 아이들의 입학을 거부했기 때문에 폐쇄된 조선인 학교를 '공립 조선인 학교'로 간판을 바꿔 조선인 아이들을 여기에 수용하게 했다. 이 학교에 대한 경비 지원은 턱없이 적은 규모였고 일본어 교재로 교육 내용을 채우려 했다.

이러한 1949년의 탄압이 있은 뒤, 1952년 4월 공립 조선학교와 구별되는 자주학교는 44교(소학교 38교, 중학교 4교, 고등학교 2교)가 되었고, 도쿄도에만 공립 조선인 학교가 총 14교(소학교 12교, 중학교 1교, 고등학교 1교) 있었다. 공립 분교의 형태로는 18개의 학교가 있었다. 그럼에도 그나마 '공립 조선인 학교', '공립 분교'라는 형태로 존속할 수 있었던 학교의 경우를 들여다보면, 일본인 교원이 정교원으로 여겨지고, 실제로 교육을 담당하는 조선인 교원은 시간 강사로 대우받았으므로 얼마 안되는 급여밖에 받을 수 없는 냉대를 받으면서도 아이들에게 민족 교과를 가르치기 위해 부단히 노력했었다는 것을 알 수 있다.

일본 정부는 샌프란시스코 강화조약 발효일(1952년 4월 28일)을 기해 일방적으로 재일조선인은 '일본국적을 이탈'한다, 즉 '외국인'이 되는 것이라는 입장을 취했다. 이에 따라 재일조선인 교육에 관해 공적 지출을 할 의무가 없어졌다고 주장했다. 바꿔 말하면, 재일조선인의 취학은 '권리'가 아니라, '은혜'[9]라는 것이었다. 조선인이 자주적으로 꾸린 학교를 파괴해 '공립'이라는 이름을 덧씌워 지배하고는 다시금 그 책임을 내던져버린 것이다. 접수된 '공립 조선인 학교'들은 결국 일본 행정으로부터 버려졌고, 이후 조선인 학교로서는 자주학교들이 남았고 각종학교라는 법적 지위를 부여받아 존속해 갔다.

조선인 아이들이 학교에 다닐 수 있는 것을 '은혜'의 결과로 취급하면서 자주적인 조선인 학교는 폐쇄, 접수되었다. 그리고 그 간판만을 바꿔 '공립 조선인 학교'로 취급한 것인데, 그 가운데 가장 큰 영향을 받은 것은 '도쿄도립 조선인 학교'였다. 조선인 교육에 대한 일본 정부의 재정 지원을 요청하는 조선인들의 요구는 묵살되었고, 1954년 10월 5일 결국 도쿄도 교육위원회는 도쿄도립 조선인 학교에 대해 1955년 3월을 기한으로 폐교를 통고했다.

2. 한일협정과 외국인학교 법안

한반도 남북과의 국교 회복 문제에 있어 일본은 일방적으로 한국과의 국교 회복 교섭만을 진행시켰는데, 그 회담 과정에서도 일본 측으로부터 많은 민족 차별적 발언이 나와 한국 측의 반발을 샀다. 한편, 한국 측은 일본에 있는 조선학교의 폐쇄를 요구하는 듯한 발언을 하기도 했다.

1965년 6월 한일기본조약이 체결되었고, 재일조선인의 교육 문제에 관해서는 한일기본조약에서 체결된 '한일법적지위협정'에서 '타당한 고려를 한다'고 명기했다. '타당한 고려'의 실체가 무엇인지는 한일법적지위협정에 이어서 나온 1965년 12월 28일의 두 통의 문부사무차관 통달을 보면 알 수 있다.

첫째는 조선인 아이들의 '교육과정'에 있어서 "일본인 자제와 똑같이 취급한다"라는 것이며, 둘째는 "조선인으로서의 민족성 또는 국민성을 함양하는 것을 목적으로 하는 조선인 학교는 우리나라의 사회에 있어서 각종학교의 지위 부여라고 하는 적극적 의의를 지니는 것으로는 인정되지 않으므로, 이를 각종학교로서 인가해서는 안 된다"는 것이었다. 즉, 조선인 학교의 각종학교로서의 인가조차 부정하는 내용이었다.

각종학교 인가를 부정하는 두 번째 통달을 통해 문부성이 예고한 '외국인학교에 대한 통일적 취급'이 1966년 4월 자민당 문교조사회 외국인학교 소위원회의 '최종요강'이라는 제목으로 공표되었다. 그 골자는 '외국인학교의 경비는 설치자가 부담'하라는 것으로 경제적 원조를 전혀 하지 않겠다는 것을 명확히 했고, 교육 내용에 관해서는 폐쇄 명령까지를 동반한 문부성 장관의 검사 권한을 인정한다는 것이었다. '요강'의 이러한 내용이 알려지자 수많은 반대 의견이 표명되었고, 결과적으로 법안은 '외국인학교 법안'에서 '학교교육법일부개정안' 등 그 포장을 바꿔가며 일곱 번이나 제출되었으나, 모두가 폐안 또는 미상정으로 끝났다.

그러나 1975년 학교교육법 개정에 의해, 각종학교 범주에서 전수학교가 분리되었고, 나아가 전수학교의 규정(제82조 2항)에서 '우리나라에 거주하는 외국인만을 대상으로 하는 학교는 제외한다'고 명기함으로써, 각종학교라는 것은 결과적으로 수업 연한이 1년 이하이거나 교육을 받는 자가 40명 이하인 소규모 또는 단기간의 교육기관과 외국인학교만을 의미하게 되었다. 이러한 조선인 학교에 대한 각종학교로서의 인가조차 부정하는 일본 중앙정부의 방침과는 다르게 조선인 학교가 위치한 각 지방자치단체에서는 조선인 학교를 각종학교로 인가하는 경우가 늘어갔고, 아이러니하게 외국인학교 법안이 제출된 이 시기에 각종학교 인가가 집중되었다. 그리고 1975년 산인조선초중급학교(마츠에시 위치)가 인가를 받은 것을 마지막으로 모든 조선인 학교가 각종학교 인가를 취득하게 되었다. 조선인 학교는 이렇게 각종학교로서의 인가라는 일본사회에서의 사회적 인지를 얻어가게 된 것이다.

그러나 이때 정부가 원했던 조선학교 관리는 2014년 사립학교법 개정이라는 형태로 달성되고 만다. 이 법 개정에 의해 각종학교에 대해 정부는 전혀 재정원조를 하지 않으면서도 재정 원조가 있는 초중고교 등과 마찬가지로 '사립학교'로서 정부의 관할 아래에 놓이게 된 것이다. 본래 '원조와 자율권 인정'이어야 하는 것이 '무원조와 정부 관리'로 바뀐 것이다.

각종학교 취급으로 인해 조선인 학교 학생들은 다음과 같은 불이익을 감내해야 했다.

- 같은 연령의 학생들이 이용하는 통학정기권 구입 불가
- 학생 스포츠 대회 참가 자격에서 배제되는 차별 등

이러한 불이익 역시 끈질긴 운동을 통해 개선해 갔는데, 1994년 통학정기권 구입이 가능해졌고, 1991년 3월에는 전국고등학교야구연맹이, 1994년 3월은 전국고등학교체육연맹이, 1997년에는 전국중학교체육연맹이 재일조선인 학생들의 대회 참가를 인정했다. 이렇게 조선학교는 일본사회 속에서 인지도를 넓혀갔다.

그러나 일본 정부의 취급은 어디까지나 적대적이었다. 1996년 8월, 문부성 학술국제국은 사립학교가 교사 건축 등에 기부금을 받을 경우 그 기부자에게 세금 공제를 인정하는 지정 기부금에 대해 조선학교를 제외하며 조선학교에 대한 차별적 태도를 바꾸지 않았다. 문부성은 각종학교의 지정 기부금 제도에 대해 '이른바 학교교육법 1조교에 준다는 내용의 교육을 하거나, 그 교육[10]을 하는 것에 상당한 이유가 있다고 관할청(도도부현의 지사)이 인정하는 등'의 요건이 제시되었다. 이 기부금 세금 공제 제도는 지금까지 인터내셔널스쿨과 도쿄한국학원만이 적용받고 있다.

앞서 말한 것처럼, 조선인 학교에 관해 문부성은 각 도도부현에 대해 1965년 문부사무차관 통달을 통해 '조선인으로서 민족성 또는 국민성을 함양하는 것을 목적으로 하는 조선인 학교는 우리나라 사회에 있어 각종학교의 지위 부여라고 하는 적극적인 의의를 갖는다고 인정되지 않으므로 이들을 각종학교로 인가해서는 안 된다'고 지도해왔다.[11] 따라서 조선인 학교에 지정 기부금 제도를 적용할 것인지의 문제에 있어 '그 교육을 하는 것에 상당한 이유가 있는 것으로 관할청이 인정하는' 것에 해당하지 않는다고 본 것이다.

일본 정부의 차별 의식은 대학 입학 수험자격에서 조선인 학교만을 또 다시 제외하는 문제에서 다시금 확인할 수 있다. 2003년 문부과학성은 유럽과 아메리카 대륙의 외국인학교에게만 대학 입학 수험자격을 부여한다는 정책을 발표했다. 많은 반대 의견이 쏟아지자 당초 문부과학성이 예정한 이들 학교 외에 외국인학교 가운데 '본국'에서의 대학 수험자격을 인정받고 있는 학교까지 적용 범위를 넓혔다. 이 결과 많은 브라질학교와 한국학원, 일본과 국교가 없는 대만계의 중화학교까지 대학 수험자격을 인정받게 되었다. 그러나 대만계 학교와 마찬가지로 국교가 없는 조선학교는 '본국'에 의한 인정이 불가능하다는 '이유'로 수험자격이 인정되지 않았고, 수험생 각 개인에 대한 각 대학의 개별 심사를 통해 대학 수험 자격이 주어졌다. 이로 인해 2006년 타마가와대학은 조선학교 졸업생의 수험을 거부했다.

3. '고교 무상화'와 조선학교 따돌림

일본은 '경제적, 사회적 및 문화적 권리에 관한 국제규약(A규약)' 제
13조 2(b)(c)의 '중등교육, 고등교육의 점진적인 무상화' 실시를 유
보해 왔다. 2009년에 집권한 민주당은 이에 대해 '고교 무상화'를 전
격 발표했다. 일본에서는 사립 고교가 상당한 부분을 차지하기 때문에
공립고등학교는 수업료를 징수하지 않고, 사립의 동등 기관에 대해서
는 '취학지원금'을 지급해 학생들의 경제적 부담을 경감하겠다는 것으
로 그 대상은 고교, 고등전문학교, 특별지원학교, 그 밖의 전수학교,
각종학교도 포함한다는 것이었다. 이 정책에 의해 일본 정부는 2012
년 9월 11일 위의 국제법 준수에 대한 유보를 해제했다.

그러나 2010년 2월, 민주당 내각 안에서 법안상으로는 당연히 그
대상에 포함되어야 하는 조선학교를 빼야 한다는 목소리가 나왔다. 이
에 대해 같은 해 3월, 유엔 인종차별철폐위원회는 총괄 소견에서 '고
교 교육무상화의 법 개정이 제안되었는바, 여기서 조선학교를 배제해
야 한다고 말하는 몇 명의 정치가들의 태도에 대해 우려'를 표명했다.
그러나 두 달 뒤에 고시된 '고교 무상화'의 대상이 되는 외국인학교 명
부에 조선고교만이 제외되어 있었다.

논란이 거듭되자 이 문제에 관해 정부는 전문가 회의의 검토를 거치
기로 했다. 그 결과 11월 5일 조선학교에 대한 제도 적용 지정의 타당
성을 보여 주는 규정이 확실해졌고, 조선 고교 10개 교는 11월 30일
까지 신청을 끝냈다.

그러나 11월 23일 연평도 포격 사건의 발발로 인해, 이 사건과 학생들은 아무런 관계도 없음에도 불구하고, 일본 수상은 조선 고교에 대한 제도 적용의 심사 절차를 중단하라는 지시를 내린다. 그리고 다음 해 2011년 8월 심사 재개를 지시했지만 민주당은 정권을 잃고 말았다. 집권하자마자 자민당 정권이 보여 준 첫 시책은 2012년 12월 28일 시모무라 문부과학성 장관이 직접 발표한 '고교 무상화'에서의 조선학교 배제 방침이었다. 두 달이 지난 2013년 2월 20일 일본 정부는 결국 '조선학교 지정 불가'를 통지함과 동시에 '고교 무상화' 대상에서 제외한다는 성령[12]을 공포, 시행했다.

이러한 정부의 차별 조치와 차별을 조장하는 듯한 분위기에 편승해 보조금 정지를 선언하는 지자체들이 하나둘 생기기 시작했다. 오랜 세월에 걸친 운동을 통해 만들어낸 지자체 보조금이었다. 오사카, 가나가와, 도쿄 등의 지자체에서는 지금까지 그 '법적 구속력'이 문제가 되고 있는 '학습 지도요령'[13]을 조선학교의 교육 내용에 무리하게 대입시키고 있다.

앞서 말한 1947년의 한 미군 장교가 열거했던 괴롭힘으로밖에 여겨지지 않는 '구실'에 불과한 것이었다. 한 예를 들어, 2010년 3월 하시모토 전 오사카부 지사는 보조금 교부 요건으로서 다음의 네 가지를 사항을 제시했다. 첫째, 학교법인으로서 조선총련과 선을 그을 것, 둘째, 초상화를 교실에서 없앨 것, 셋째, 일본의 '학습 지도요령'에 준하는 교육 활동을 할 것, 넷째, 학원의 재무 상황을 일반 공개할 것. 일본의 '학습 지도요령'에 따르는 교육을 한다면, 일부러 어려움이 따를 것을 알면서도 외국인학교나 민족학교를 운영하지는 않을 것이다. 일본인 교육과 다를 수밖에 없는 측면이 있기 때문에 민족학교라는 것이 필요한 것이다.

도쿄도는 법적인 근거도 없이 2년 이상 보조금을 중단했고 조선학교에 대한 조사 기록과 간섭하고자 하는 내용을 '보고서'로 만들어 공표했다. 그리고 그 후에 2014년 사립학교법이 개정되었고, 거꾸로 이러한 조사가 '법적 근거'를 갖게 되었다.

학생, 학부모, 교사 그리고 많은 일본인들이 참가하고 있는 조선학교에 대한 '고교 무상화' 적용 운동은 4년이 지난 지금도 계속되고 있다. 2013년 1월부터는 오사카, 아이치, 히로시마, 후쿠오카, 도쿄에서 조선학교의 고등학생과 학원 법인이 원고가 되어 이른바 '무상화' 재판 투쟁을 전개하고 있는 중이다.

1) 당시 식민지 조선을 '외지'로 일본 본토를 '내지'로 불렀음.(번역자 주)

2) 매춘부의 옛 속어. (번역자 주)

3) 스기자키 코고로 「감개무량」, 『조선』 제85호, 1922년 3월 272쪽.

4) 일왕이 내리는 명령.(번역자 주)

5) 2007년 국내 개봉된 김명준 감독의 조선학교에 관한 다큐멘터리.(번역자 주)

6) 총사령부의 약자. 2차세계대전 후 연합군이 대일 점령 정책을 위해 도쿄에 설치.(번역자 주)

7) '한신(阪神)'은 오사카(大阪)시와 고베(神戸)시를 총칭하는 말.(번역자 주)

8) 의원내각제 국가에서의 내각의 회의. 한국에서의 국무회의 또는 장관회의와 유사함.(번역자 주)

9) 여기서 '은혜'란 일왕 또는 일본 정부의 신민에 대한 베풂을 의미함. (번역자 주)

10) 해당 개별 학교가 하고 있는 각각의 교육 내용을 가리킴.(번역자 주)

11) 현재 대부분의 조선인 학교가 도도부현으로부터 각종학교로 인가를 받은 상태이고 지방 행정이 이러한 현실을 감안해 관련 대응을 하고 있는 것은 사실이지만, 일본 문부성이 조선인 학교를 각종학교로서 적극 인정하고 있는 것은 아니다.

12) 각 부처의 장관이 그 행정 사무에 관해서 내리는 명령. (번역자 주)

13) 문부성이 초중고 학교 현장에서 가르쳐야 할 교과 내용을 정한 것으로 이에 대한 사회적 비판이 계속되어 왔으나, 1999년 일본정부는 '학교교육법'의 개정을 통해 문부성 장관이 정하는 교과 내용을 각 학교가 따르도록 하는 법적 근거를 만들었다.

추천의 글

1990년대 전반기 신문사 특파원으로서 일본에 머문 3년 동안 역사의 큰 물줄기에 속하는 사건을 몇 차례 겪었다. 철옹성 같았던 보수 자민당 정권의 퇴진과 '비자민 연립정권'의 출범이란 정치적 격변에 마주쳤고, 일본 군대위안부 피해자였음을 처음으로 선언하고 나섰던 김학순 할머니를 비롯해 징병·징용 등 식민통치의 피해자들이 제기한 전후보상 소송의 소용돌이를 현장에서 지켜봤다.

이런 큰 사건 못지않게 충격적으로 다가온 것이 조선학교의 수난이다. 핵개발 의혹으로 북한에 대한 부정적 인상이 퍼지자 일부 야비한 일본인들이 조선학교 학생들을 표적으로 삼은 것이다. 최대의 피해자는 치마저고리 차림으로 다니던 여학생들이었다. 등하굣길에 면도칼이나 가위로 옷이 찢기거나, 머리끄덩이를 잡히거나 폭언을 당하는 피해사례가 그치지 않았다. 당시 '찢긴 치마… 찢긴 일본 양심'이란 제목으로 신문의 한 면을 털어 장문의 기사를 쓰기도 했다.

김명준 감독의 다큐영화 「우리학교」가 제법 관심을 일으키기는 했지만, 조선학교에 대한 한국인들의 평균적 인식은 여전히 무지에 가까운 수준에 머물러 있다. 조선학교를 둘러싼 역사적 배경이나 현황은 중층적이고 복합적이다. 해방 이후 남북분단과 냉전구조의 정착, 미국의 동아시아 정책 등 한반도와 일본에 걸친 현대사 흐름에 관한 개괄적 지식이 없으면 쉽게 이해되지 않는 구석이 적지 않다. 그런 점에서 이 책의 출현은 아주 반갑다. 딱딱한 논문 형식의 강의보다는 친절한 문답식 설명과 조선학교 출신 사회인과 학부모로서의 생생한 체험담이 녹아 있어 사방이 꽉 막힌 상황에서도 조선학교를 지키려는 열정의 원동력이 무엇인지를 이해하는 데 유용할 것 같다.

독자들이 재일동포의 민족교육을 위해 한국 정부가 무엇을 했는지, 아니 무엇을 하지 않았는지를 염두에 두면서 이 책을 읽었으면 좋겠다. 20년 전 여학생들의 치마저고리가 찢기는 사건이 꼬리를 물었을 때 한국 정부와 주일 대사관은 아무런 조처나 반응을 내지 않았다. 현재 도쿄와 오사카의 동포 밀집지역에서 기승을 부리는 극우 세력의 인종차별적 시위는 '속죄양'으로 던져진 조선학교 여학생들의 곤경에 눈을 감았던 정부의 자세에도 상당한 책임이 있다.

김효순
(전 한겨레신문 대기자·포럼 '진실과정의' 공동대표)

◀ ©임재현

8

'조선학교'. 한쪽에선 '조총련학교'로 다른 한쪽에선 '민족학교'로 호명한다. 전자는 '적시(敵視)', 후자는 '호감'/'기대'의 표현이다. 전자는 '반공 대한민국', 후자는 '통일 한반도'에 대한 정치적 의지를 각각 드러낸다. 이 분열된 상극의 이미지에서 벗어나기 위해서는 정치를 뒤로 돌리고 일상을 앞세워 '조선학교'의 '순수함'을 강조하는 길 밖에 없다. 정치를 일상으로 대체하는 방식이다. 하지만 중요한 것은 이 또한 '대한민국'이 보고 싶어 하는 '조선학교'일 뿐이라는 점이다. '조선학교'를 식민주의와 남북분단이라는 조건에 대응해, '일상이 정치이고 정치가 일상'일 수밖에 없었던 삶을 살 수밖에 없었던 재일조선인들의 주체적 선택으로 이해하는 것이 중요하다. 이 책은 '조선학교'를 재일조선인의 주체적 선택으로 이해하는 길을 열어 주는 첫걸음이 될 것이다.

권 혁 태
(성공회대 일어일본학과 교수)

"당신에게 재일조선인의 이야기를 들으니 마치 과거의 망령에 마주친 것 같은 기분이 든다" 수년 전 어떤 한국인 지식인이 내게 그렇게 말했다. 나는 이렇게 답하였다. "우리 재일조선인들은 과거의 망령이 아니다. 당신들이 잊고 싶은 과거가 지금도 현실로 계속되고 있는 것이다"
이 책을 읽은 사람의 반응이 "일본은 아직도 차별이 남아있구나", "재일조선인은 불쌍하다"로 끝난다면 그 이해는 부정확하며 불충분하다. "차별이 남아있는 것"이 아니라 해방 후 70년 남짓한 동안 일본 지배층들의 일관된 정책으로 집요하게 재생산되어 지속되어 온 것이다.
혹시 당신이 과거 일본의 식민지 지배를 긍정하지 않는다면 현재도 계속되는 식민지 지배를 용인하지 않는 것은 당연한 일일 것이다. 조선학교는 항상 식민지 지배 책임을 부인하고자 하는 일본 지배층들에게 상징적인 표적이 되어왔다. 그 압력에 대한 저항은 조선반도 남이든 북이든 재일이든, 분단 이데올로기를 넘어 전 민족적으로 공유해야 할 과제다. 학생들이나 부모들에게 그런 자각이 있는지 없는지를 떠나서, 조선학교는 이 투쟁의 최전선에 놓여 있다. 최전선에 선 사람들을 고립시켜서는 안 된다.

서 경 식
(작가 · 도쿄경제대학 교수)

도호꾸조선초중급학교 학생들(2011. 5) ▶
©김지연 「일본의 조선학교」 사진집 중에서

8

조선학교
연표

〈2014년 8월 기준〉

연도	조선학교	한반도와 일본 등 관련 정세
1910		조선 국권 상실, 일제의 토지조사사업 개시(~1918)
1924		일본의 조선인(재일조선인) 인구 11만 명 도달
1935		재일조선인 인구, 62만 명을 초과
1937		중일전쟁
1939		1939년에서 1945년까지 일본의 금속광산에 약 15만 명, 석탄탄광에 약 60만 명, 토목건설공사에 약 30만 명, 항만 노동에 약 5만 명, 군수공장에 약 40만 명 총 150만 명의 조선인이 일본 정부에 의해 동원되었음
1945		**8월 15일** 해방 **10월** 재일조선인련맹(조련) 결성 일본 내 조선인 약 200만 명(일본인 인구 약 7000만 명) 해방 후 약 140만 명 귀국 약 60만 명 잔류
1946	**4월** 전국 각지의 국어 강습소 통합 개편해 초등학원(소학교 3년제) 설립 **9월** 초등학원 통합 정비해 6년제 전일제 학교로 발전 **10월 5일** 중학교(3년제) 설립 – 도쿄조선중학교	**10월** 재일본조선인거류민단 결성. 조련계 학교 (조선학교) 초등교 525교, 아동 42,182명, 교원 1,023명, 각종 청년학교 12교, 학생 724명, 교원 54명
1948	**1월 24일** 일 문부성 통달, '조선인 아동은 일본 학교에 취학해야 한다', **26일** '조선인 교원은 적격 심사를 받아야 한다' **3월 1일** 일 문부성, '교원 2명 이상, 학생 20명 이상의 교육시설은 2개월 안에 "각종 학교" 인가 신청을 하지 않으면 교육을 할 수 없다'고 통달	

1948	4월 24일 효고현 현청에서의 대규모 항의 시위. 현 지사 폐쇄령을 철회. 이에 대해 미8군이 고베기지 관할지역 내에 비상사태 선언 발령. 지사의 철회 결정이 뒤집어짐 4월 26일 오사카부청 앞에서 학교 폐쇄령 철회를 요구하는 시위. 경찰의 사격으로 김태일 소년이 사망	2월 말부터 전국적인 조선학교 사수 운동 전개 4월 제주도에서 단독선거에 반대하는 민중항쟁(4·3 항쟁) 8월 15일 대한민국 수립, 민단 '재일본대한민국거류민단'으로 개칭 9월 9일 조선민주주의인민공화국 수립 10월 제2차 요시다 내각 성립
1948	4월 27일 도쿄에서 조선학교 교장 15명을 일제 검속, 학교 폐쇄 5월 3일 모리토 문부성 장관과 최용근 조선인 교육대책위원회 대표가 '사립학교로서의 자주성이 인정되는 범위 내'에서 '조선의 독자적 교육을 실시'한다는 각서에 조인 5월 5일 10월 4일 고등교육 개시 – 도쿄조선중학교에 고등부(3년제) 병설	
1949	5월 25일 중의원 본회의 '조선인학교 교육비 국고부담 청원'을 채택 10월 19일~11월 4일 일본 정부, 두 번째 "조선학교 폐쇄령"으로 367교를 강제 폐쇄함	1월 한국주일대표부 설치 2월 제3차 요시다 내각 성립 9월 조련 관련 모든 조직 및 민단의 두 개 조직 강제해산 11월 한국, 재외국민등록법 공포
1950	4월 유치원 교육 개시 – 아이치현 아이찌조선제1초등학교에 유치원 병설	한국전쟁 발발
1951		1월 재일조선통일민주전선(민전)결성 – 생활권과 민족교육권 확보를 강령으로 9월 샌프란시스코강화조약, 미일안보조약 조인 10월 한일예비회담 개시
1952		4월 법무부 민사국장, 강화조약 발효에 따라 조선, 대만의 일본 영토로부터의 분리, 조선인, 대만인의 일본국적 상실을 통달함 4월 샌프란시스코조약 발효, 외국인등록법 제정 공포
1953	2월 11일 문부성 '조선인 의무교육 제 학교로의 진학에 관하여' 통달 – 일본 법령 준수, 서약서 제출을 조건으로 입학 허가	
1955		5월 민전 해산, 재일조선인총련합회(총련) 결성
1956	4월 10일 조선대학교 설립	

연도	조선학교	한반도와 일본 등 관련 정세
1957		4월 북, 교육원조금 및 장학금 송금(1차) –2008년 4월 현재 총 154회 약 462억 엔
1959		8월 북일 적십자 귀국협정 조인 12월 제1차 귀국선 니이가타 출항–1984년까지 총 187회, 약 9만 3천명 귀국
1962	무장 경관, 이바라기조선중고급학교 난입 – 외국인등록증 휴대하지 않은 학생을 조사하겠다는 구실	
1965	국사관대학생에 의한 도꾜조고 학생 집단 폭행 사건 빈발 12월 28일 문부성 차관 통달 '(한일)협정에 있어서의 교육관계사항의 실시에 대하여'및 '조선인만을 수용하는 교육시설의 취급에 대하여' – 조선학교의 각종학교로서의 인가 저지와 일본 학교 내 민족학급 폐쇄 의도	6월 한일기본조약 조인
1968	4월 17일 조선대학교 각종학교 인가	
1972		7월 4일 남북공동선언 발표
1975	이해를 기점으로 모든 조선학교(161교)가 각종학교로 인가됨. 학교의 설립자인 조선학원(조선학교가 소재하는 도도부현에 각각 있음)이 준학교법인으로 각 지자체로부터 인가됨	
1989	공안조사청 차장의 '조선학교는 일관되게 반일 교육을 하고 있다'는 발언 직후 조선학교 학생에 대한 폭행사건 48건(20일) 64명 학생 피해 발생	
1990	오사카 조선고급학교 여자 배구부가 오사카부 대회 도중 각종학교라는 이유로 대회 출장 정지 처분을 받음	
1994	4~7월 전국적으로 조선학교 학생에 대한 폭행사건 160건 발생 – 검거 3건, 유죄 1건	4월 일본 정부, 북의 핵실험 의혹 발표
1995		일본, 유엔 인종차별철폐조약 비준
1996	8월 문부성 관료, '조선인으로서의 민족성 또는 국민성 함양을 목적으로 하는 조선인 학교는 우리나라의 공익에 도움이 되지 않는다' 발언	

1998	조선학교 학생에 대한 폭행사건 57건 이상 발생 – 경찰 인지 6건 (검거 없음) 일본변호사연합회(일변련) 민족교육 권리 보장을 위한 조사보고서 수상과 문부성에 제출	일본 정부, 북이 일본열도 향해 미사일 발사 발표
2000		4월 전 도쿄도 도지사 이시하라 씨의 '제3국인' 발언 6월 6·15남북공동선언
2001	유엔 인종차별철폐위원회, 조선학교 학생의 치마저고리를 찢는 사건 등에 대한 권고	
2002		북일정상회담에서 북 일본인 납치사건 인정
2003	3월 문부성, 영미(英美) 인터내셔널스쿨 16교에 한하여 국립대학 수험자격 인정 방침 발표 – 비판 여론으로 재검토 실시 9월 재검토 결과, 인터내셔널 스쿨과 외국인 학교의 수험 자격 인정, 조선학교는 각 대학의 재량에 맡긴다고 발표 12월 도쿄도가 도쿄조선제2초급학교(에다가와조선학교)에 대해 토지명도 요구하며 도쿄지방재판소에 제소	
2004	교토대학이 국립대학으로는 처음으로 조선학교 졸업생에 대해 수험 자격 인정 (대학 재량으로) – 이후 대부분의 국립 대학이 조선학교 졸업생에 대한 수험 자격 인정	
2007	시가현의 시가조선초급학교에 대한 무장공안경찰의 강제 수색 –아동과 학부모 명부 입수가 목적 도쿄조선제2초급학교(에다가와조선학교)에 대한 도쿄도의 토지명도 소송 재판 화해 성립	10월 10·4남북공동성명, 재외동포문제 남북공동 대응 명기(제8항)
2008	10월 30일 유엔 자유권규약위원회, 조선학교에 대한 상대적으로 적은 규모의 보조금 등의 차별에 대해 우려를 표명하고 시정 권고	재일조선인이 납부한 국세와 지방세 추정액 (직접세 제외) 연간 약 2,796억 엔
2009	일본 우익, 교또조선제1초급학교 앞에서 학생들과 교원들을 향해 반인권적 폭언 시위–일본 내 주요 헤이트스피치(인종혐오발언) 사건	

2010	3월 유엔 인종차별철폐위원회 조선학교에 대한 차별 철폐 권고 4월 1일 일본 고교수업료무상화 제도 실시 -조선고급학교(10교)만이 고교무상화 제도에서 배제됨 6월 유엔 아동권리규약위원회, 조선학교에 대한 고교 무상화 적용 권고	재일조선인 주요 거주지역과 인구분포 (2010년 말 현재):도쿄도 약 12만 명, 오사카부 약 13만 명, 효고현 약 5만 명, 아이치현 약 4만 명, 가나가와현 약 3만 명, 교토부 약 3만 명, 사이타마현 약 2만 명, 후쿠오카현 약 2만 명, 치바현 약 2만 명, 히로시마현 약 1만 명 위 지역에서 재일조선인 인구의 70%가 거주하고 있음 세대별 분포: 1세 약 4%, 2세 약 37%, 3세 약 48%, 4세 약 11% 일본국적 취득자(2011년말 현재) : 누적계 약 34만 명
2011	오사카부, 부 내의 모든 조선학교에 대한 보조금 지급 중단 도쿄도, 미야기현, 사이타마현 보조금 중단 또는 보류	연평도 사건 발발
2012	12월 26일 자민당 정권으로 교체 12월 28일 시모무라 문부과학성 장관, 제외 방침 발표	외국인등록법 폐지, 새로운 재류관리제도 시행(외국인 주민도 주민기본대장제도의 대상이 됨)
2013	1월 24일 오사카, 아이치가 무상화 재판 제소 2월 20일 문과성, 조선학교 배제를 통지 '고교 무상화'에서 조선학교 제외하는 성령 공포 · 시행 5월 17일 유엔 사회권규약위원회, 고교무상화제도로부터의 배제는 '차별'로서 조선학교에 대한 제도 적용을 요구 8월 1일 히로시마 제소 11월 1일 도쿄도 '보고서' 발표 12월 19일 후쿠오카 제소	
2014	2월 17일 도쿄 제소 4월 2일 사립학교법 개정 8월 29일 유엔 인종차별철폐위원회, 고교무상화제도에서의 배제와 지자체의 보조금 동결은 교육권 침해로서 우려됨을 표명, 시정 권고	2014년 4월 현재 학교 수 : 초급학교 53교, 중학교 33교, 고급학교 10교, 대학교 1교, 유치원 38원 (병설된 경우를 감안한 소재지별 학교 수는 64교), 총 재적 학생 수 약 8천 명

독자들을 위한 추천도서

[한국어]

국제고려학회 일본지부 재일코리안사전 편찬위원회 저/정희선 외 2명 역, 『재일 코리안 사전』, 선인, 2012.
권해효 글/조선학교 아이들 그림, 『내 가슴 속 조선학교』, 올벼, 2011.
김경해 저/ 정희선 외 역, 『1948년 한신교육 투쟁』, 경인문화사, 2006.
김덕룡, 『바람의 추억』, 선인, 2009.
김동훈, 강재언 저/하우봉 역, 『재일 한국 조선인-역사와 전망』, 소화, 2005.
김인덕 저, 『재일본조선인연맹 전체대회 연구』, 선인, 2007.
김지연, 『일본의 조선학교(3.11대지진 이후 도후쿠 후쿠시마의 우리학교 이야기)』, 눈빛, 2013.
도노무라 마사루 저, 『재일조선인 사회의 역사학적 연구』, 논형, 2010.
리정애 글/임소희 그림, 『재일동포 리정애의 서울 체류기』, 보리, 2010.
박경식 저/박경옥 역, 『조선인 강제연행의 기록』, 고즈윈, 2008.
서경식 저/형진의 역, 『역사의 증인 재일조선인』, 반비, 2012.
서경식 저/권혁태 역, 『언어의 감옥에서』, 돌베개, 2011.
신숙옥 저/배지원 역, 『재일조선인의 가슴속』, 십년후, 2003.
오자와 유사쿠 저/이충호 역, 『재일 조선인 교육의 역사』, 혜안, 1999.
월간 민족21 저, 『통일조국의 미래를 꿈꾼다』, 민족원, 2007.
정화흠, 김두권 외 6명 저, 『치마저고리 (재일조선인 종소리 인회 대표시선집)』, 화남출판사, 2008.
카지무라 히데키 저/김인덕 역 『재일조선인운동』, 현음사, 1994.
한일민족문제학회 저, 『재일조선인 그들은 누구인가』, 삼인, 2003.
이봉우 저/ 임경화 역, 『인생은 박치기다! : 이루지 못할 꿈은 없다. 나만이 할 수 있는 일을 찾아라』, 씨네21, 2009.
신무광 저/리명옥 역, 『우리가 보지 못했던 우리 선수』, 왓북, 2010.

[일본어]

梶井陟, 『都立朝鮮人学校の日本人教師: 1950-1955』, 岩波書店(가지이 노보루 『도립조선인학교의 일본인 교사: 1950-1955』, 이와나미서점), 1966=2014.
金德龍, 『朝鮮学校の戦後史: 1945-1972』, 社会評論社(김덕룡, 『조선학교의 전후사: 1945-1972』, 사회평론사), 2004.
中村一成, 『京都朝鮮学校襲撃事件: 〈ヘイトクライム〉に抗して』, 岩波書店(나카무라 일성, 『교토조선학교습격사건: 헤이트 크라임에 대항하여』, 이와나미서점), 2014.
田中宏, 『在日外国人 第三版: 法の壁,心の溝』, 岩波書店(다나카 히로시, 『재일외국인 제3판 -법의 벽, 마음의 벽』, 이와나미서점), 2013.
朴慶植, 『解放後在日朝鮮人運動史』, 三一書房(박경식, 『해방후 재일조선인운동사』, 삼일서방), 1989.

朴三石, 『日本の中の朝鮮学校』, 朝鮮青年社(박삼석, 『일본 안의 조선학교』, 조선청년사), 1997.

朴三石, 『教育を受ける権利と朝鮮学校』, 日本評論社(박삼석, 『교육을 받을 권리와 조선학교』, 일본평론사), 2011.

佐野通夫, 「日本の植民地教育の展開と朝鮮民衆の對應」, 社評論社(사노 미치오, 『일본의 식민지교육 전개와 조선민중의 대응』, 사회평론사), 2006

佐野通夫編, 『在日朝鮮人教育関係資料』, 緑蔭書房(사노 미치오 편, 『재일조선인교육관계자료』, 녹음서방), 2012..

宋基燦, 『「語られないもの」としての朝鮮学校——在日民族教育とアイデンティティ・ポリティクス』, 岩波書店(『'이야기되지 않는 것'으로서의 조선학교—재일민족교육과 정체성 정치』, 이와나미서점), 2012.

ウリハッキョをつづる会, 『朝鮮学校ってどんなとこ?』, 社会評論社(우리학교를기록하는회, 『조선학교는 어떤 곳?』, 사회평론사), 1993.

月刊『イオ』編集部, 『日本の中の外国人学校』, 明石書店(월간이어 편집부, 『일본 속 외국인학교』, 아카시서점), 2006.

韓東賢, 『チマチョゴリ制服の民族誌: その誕生と朝鮮学校の女性たち』, 双風舎(한동현, 『치마저고리의 민족지: 그 탄생과 조선학교 여성들』, 쌍풍사), 2006.

福田誠治/末藤美津子, 『世界の外国人学校』, 東信堂, (후쿠다 세이지, 스에후지 미츠코, 『세계의 외국인학교』, 동신당), 2005.

©류우종

모든것!!!

B

B

©임재현

B

©임재현

B

※사진 제공에 협조해주신 김강수, 김동학, 김수환, 김지연, 류우종, 신가미, 배덕호, 임재현, 한철수, 황의중 님께 감사드립니다.